王唯編導影視生涯回憶錄

人與神

獻給我的父母與桓哥

向血腥中成長、覺醒、茁壯的祖國致敬

目次

PART 1

1930-1948

溫室裡的寵兒

1

一個具有完美德行的人便是神。

不過，在宇宙間，神是極為少數的幾個而已。

2

人類組成的世界是一個自私、貪婪、殘酷的世界，否則，在歷史可尋的軌跡裡，不會造成無可計數的毀滅、流血的戰爭，人與人之間也不會有猜忌、傾軋的鬥爭。其實，人是最可憐而無知的，人的世界就形同一個大鐵籠，把人重重框住而不自知。

尊為高等動物的人，確是一種特殊的動物，具有卓越的智慧，所以很擅長於偽裝、掩飾、曖昧而難以捉摸。據說，人的體內仍遺留著或多或少的獸性，有意識或無意識的有著一股殘忍性，這是法國文學批評家Emile Faguet在他所著《十六世紀的悲劇》裡表示的意見。

歷史學家筆下的「歷史」，不是全然真實的。對於歷史人物的評價，今天被認為是「壞人」的，也許明天會變成「好人」；某一時代的卑怯者，在歷史的另一階段裡卻可能變成勇士。所以，歷史常常要重寫，實有賴於有識見與勇氣的史家了。

其實，世上沒有絕對的「好人」或「壞人」，因為「好人」不見得都是好的，「壞人」也不見得他所有的行為都是壞的，這是我們在塑造小說或戲劇人物時應奉為圭臬的。

3

我是一個極為平凡的人，我會嫉妒，我也會憎恨；雖然這一生中，儒家與佛家的思想自幼耳濡目染的影響著我，它有一股無形的力量束縛著我的言行，所以，我沒有做過世人眼裡的「壞事」；但是，我知道我仍有不少缺點，我不可能成為神。

自我有記憶，我的童年是在蘇州城外臨太湖畔一個名叫洞庭東山王閣老廳的一幢深宅大院裡渡過的。那幢偌大的四合院是我祖父在清朝做官時興建的。順著石階上去的大門裡，有一間裡面黑漆漆的門房，中間擺放一頂塵封已久的轎子，兩旁排列著上面刻有「肅靜」與「迴避」的兩面木牌。經過門房是一個庭院，前面是一道照墻，繞過它是前院，然後是一排兩層樓的建築，樓下中間是大廳，兩邊東西廂房裡，四壁懸掛著巨幅穿著朝服的祖宗們的彩色畫像。

祖父膝下有兩子，我父親是他的次子，所以我有一位大伯，那時他與大嬸帶著兩位堂兄分住在二樓的臥房，父親與母親帶著我和哥哥分住第二進樓上。那時祖父已經逝世，祖母一人獨居在第三進的樓上，佣人們則分住在樓下花廳兩旁的廂房裡。

我五歲那年，記憶已經相當清晰，父親要去上海與一位舅舅合夥做生意，開了一家針織廠。蘇州距離上海要好幾個小時車程，也因為創業初期的瑣事繁多，所以他大概每隔一個月回家一次。

這樣的日子大概過了一年多，在我六歲時，父親把我們母子三人接到上海法國租界一幢三層樓的小洋房裡安頓了下來。不久，我被送進了一所新人小學念一年級，哥哥也進了一所中學念初中二年級。

結束了蘇州鄉下那幢大宅院裡禮節繁瑣的生活，我好像獲得了解脫，鬆了一口氣。我不必在吃完飯後，放下筷子前，必須按照輩份的長幼，先後說出每人的稱呼來，然後緊接著說「慢用」。這種相沿成習繁文褥節，迫使我在吃完飯之前，心裡必須默記著周圍的長輩有那些人。輩份的長幼順序不能弄錯，如果先說「哥哥慢用」，再說「大嬸慢用」的話，那就是對大嬸的大不敬了。

搬到上海後，我的心理壓力稍微紓解，小家庭人口少，全家吃飯到齊也只有四個人，飯後的禮節不用傷腦筋的去默記輩份的高低，現在就這麼簡單的三個人：爸、媽、哥。

過年時向父母及長輩們磕頭拜年的禮節，當然不能免的，不過我倒很樂意做，因為每磕一個頭，我就可以拿到一個紅包，一個紅包裡的錢可以買很多我喜歡的東西。家裡有兩個紅包不說，在上海的親戚長輩少說有十幾位，加上大年初二回蘇州老家拜年，祖母、大伯、大嬸以及近親遠鄰的長輩也有十幾位，三十多個響頭磕下去，三十多個大紅包進了我的口袋還是很過癮的。

一九四九年初，我進了國防部一個單位工作，奉命到了台灣的台南市，在工作機會中認識了台南工學院的幾位學生，當第一個舊曆新年時，我到一位叫盧瑞貞的家裡向他母親拜年，我很自然的跪下來磕頭時，立刻引起了哄堂大笑，這使得我頗為尷尬。從此以後，向長輩們磕頭拜年的禮節免除了。我三十八歲結婚，太太為我生下了三個女兒，我也從來沒有要求女兒們向我們磕頭拜年，紅包照發，連鞠個躬都沒有，這是不是說明了中國舊禮教的淪亡？

一九三七年，我在新人小學念二年級。八月十三日，日軍進攻上海。十月二十六日，大場、江灣、閘北等地先後失陷，國軍將主力撤至蘇州河以南，八十八師五二四團謝晉元團長奉命掩護。他率一營四百五十多人進住蘇州河北岸，西藏路的一棟鋼筋水泥結構的「四行倉庫」，對外宣稱有戰士八百人，史稱「八百壯士」。

經過四天四夜的日軍狂轟濫炸，十月二十八日下午，上海市商會秘書長嚴諤聲接到謝晉元電話，要求送國旗一面和所需糧食，童子軍團長葉春年接受了任務。女童軍楊惠敏衝過火線，游過蘇州河為「四行倉庫」獻旗，是抗戰期間童子軍投身抗日最著名故事，楊惠敏也成為轟動一時的傳奇人物，國外媒體譽為「中國的聖女貞德」。台灣的中影公司於一九七五年拍了部《八百壯士》中，林青霞飾演了「楊惠敏」一角，榮獲二十二屆亞洲影展影后。

當年獻旗事蹟經過半個多世紀後，二〇〇五年八月十三日上海《新民晚報》為抗戰勝利六十年特刊中，記者張維聰、陳剛、江文君、蔡亮等採訪了當年童子軍團長葉春年和六名童子軍葉德馨、張文彬、胡惠祥、羅文光、王國祥、何明久等七人中，僅健在的羅文光和張文彬二人。

據告十月二十八日晚上七點，葉春年帶領了六名童子軍在八仙橋青年會，將各界支援的食物慰勞品，裝滿兩部二噸半卡車，出發時帶上了市商會最大號的國旗和旗繩，又從家裡拿了兩根又粗又長竹竿做旗桿用。卡車行至距離城牆三十米處，童子軍們先是趁黑匍匐前進，又利用橋上東西兩側電線杆，套上一根粗繩將慰問品從東到西在路面上牽拉過去，送入倉庫旁一家烟紙店（即現代雜貨鋪），葉春年囑胡惠祥拿著國旗竹竿進入小店，登上四樓營部，交給守軍值日官。十月二十九日清晨，當一面巨大國旗冉冉升起在「四行倉庫」，隔河觀戰群眾興奮異常，歡聲雷動。

當年獻旗的事蹟，經過當事人的回憶，還原出更完整的情節。楊惠敏憑著一股愛國熱情，確實獻過旗，但並非泅水獻旗，而所獻的太小，又無旗桿，不符要求。

一九四〇年夏天，我畢業上海新人小學，那時我十一歲，一位英文女老師編了一個英文短劇，指定我擔任戲裡的男主角，利用下課時間排練了一個多月，就在畢業典禮之後，在大禮堂的舞台上演出。我記得那齣短劇是根據英語課本裡的一段情節改編的，描述一個跛腳與一個瞎子如何互相照顧生活。我飾演的瞎子，外出時要背負跛腳，依照跛腳的指引走路。當開幕後，輪到我要背著跛腳出場，我看到台下黑壓壓的一片人潮，緊張得不敢出場，結果那位英語女老師硬把我推出去，才勉強生硬地「表演如儀」，背誦著已經滾瓜爛熟的英語台詞，沒想到台下居然響起了熱烈的掌聲，這才使我信心大增，充份發揮了「演技」。

回想起當初排練時，那位女老師要求我忘記自己，要融入劇中人物的語言、動作甚至思想之中，當時一個十一歲的小孩怎能體會這些艱深的史坦尼・司拉夫斯基①的戲劇原理？那次小學畢業演出後，穫得全校師生們的佳評，我也第一次體會到掌聲對一個演員是多麼重要。

我初中念的是一所叫麥倫書院的教會學校，哥哥已經進了上海著名的聖約翰大學，我們兄弟倆共住在三樓一間大臥房。我的數學不太好，他有時候會主動教我，可能他教的方法不能適應我，把我搞得暈頭轉向，越教越糊塗，迫使他火冒三丈，每次都以痛罵我一頓

① 史坦尼・司拉夫斯基（一八六三至一九三八）舊俄時代著名戲劇家。出身演員，成名於導演，其戲劇理論自成一派。

作為收場。

哥哥是我心目中的偶像，他比我大七歲，平時服裝整齊，頭髮梳得很亮，說話緩慢而有條理，走起路來穩重而優美，又寫的一手好字，是一位十足的紳士，我很崇拜他，因此，他的一切都是我學習指標，就連他寫的字體，我也摹仿得很像。

抗戰已進入第五年，國府已遷到重慶，上海已成為淪陷區，汪精衛先生成立了南京政府，並且建立了數十萬「和平軍」，維持了淪陷區裡的治安；不過，汪政權的背後仍是日本軍閥，一切重大政策都聽命於日本人。我念的麥倫書院裡，每班都必須加修日語課程，教我日語的是一個叫鋼島國之助的日本男子，樣子看起來很兇。我們班上這批小鬼對日本軍閥侵華，在中國土地上燒殺姦掠時有所聞，一九三七年十二月十三日的南京大屠殺，中國軍民死傷三十萬人以上。我們在蘇州的那幢大宅院，被日軍徵用作為指揮所，臨走一把火付之一炬，二位堂兄出面阻止被日軍射殺。痛苦的記憶猶新，大家無不恨之入骨，敢怒而不敢言，只有來個消極抵抗。日本鬼子教我們一句日語，我們就用一種怪腔怪調跟著念一句，他大聲地糾正我們的發音，我們以更大聲的怪腔來回應，他知道我們在搗蛋，但也無可奈何。

還有一件事是我不能容忍的，就是我上學途中必須經過一座日本營房，規定中，凡經過的人必須要脫帽向營房大門口的衛兵敬禮。這算什麼？堂堂一個中國人在自己土地上要向日本鬼子行禮？我才不幹，所以我上學放學時，寧願多走一段路，繞道避過那座日本營房。

一九四三年的夏天，父親進軍了上海的金融業，開了一家「亞洲銀行」，請我的一位表哥擔任總經理；那時哥哥已經從聖約翰畢業，在父親的支援下開了一家「培利證券公司」，公司就在我上學途中的一幢大樓內，所以我每天下午放學後就到公司去幫忙當練習生，順便也做做股票。

我記得當時有一家「美亞紗廠」是我常常炒作的對象，一買進就是五千股，我哪裡來那麼多錢在下班後進行交割？所以必須在下班之前股價上漲時賣出，交割結帳後領取差額。股票行情的漲跌，我哥哥有豐富的經驗研判，事先他會告訴我「美亞紗廠」要跌了，我會先賣出五千股，等到快下班時已經跌的很多了，我再把五千股買進來，其中的差額就是我賺的。不過，有時候也會碰到估計錯誤的情形，高價買進後跌了，或是低價賣出後漲了，這時候我祇好求助於哥哥，我深知哥哥一直非常愛護我，雖然他經常為我的行徑不符他的標準而責罵我，他是刀子嘴、豆腐心，罵完就沒事。所以每當我買賣股票慘遭賠損而滿臉愁雲時，他就嚴厲的責罵我一頓，然後把交易賠損由他來承擔。

有一次，我憑著一點小小的經驗，看準「美亞紗廠」會上漲，斷然的買進五千股，不料我買進後一路下滑，到下班前十五分鐘仍在下跌狀態。

我：（哭喪著臉）哥，怎麼辦？

哥：（了解情況後，眼露兇光）叫你不要做了，你就是不聽話！

我：（還很委曲地）已經做了嘛！

哥：（無可奈何地）好啦，這筆交易算我的，以後不准再做了！

4

攝氏零下十二度，上海的嚴冬之夜。凜冽的北風一陣陣的吹著，把霞飛路兩旁梧桐樹上的枯葉吹落滿地，隨風飄舞。

現在是凌晨兩點鐘，我一直沒有睡著，因為哥哥還沒有回來。

最近幾天，他都是深更半夜才回家，問他在忙些什麼，他總是疲憊地搖搖頭說：「沒辦法，生意要應酬呀！」。我今天下班準備外出交割時，他已經提前離開公司。我交割完成後，就在小館子裡吃了一碗排骨麵，回家已九點鐘，媽在客廳裡等我們。

媽：（擔心地）怎麼那麼晚才回來？

我：（看到餐桌上沒動過的菜）媽，您還沒吃晚飯？

媽：（嘆了口氣）唉，妳們父子三個，老的整天忙著銀行裡的事，每天有應酬，不到深夜是不回來的。妳哥呢，公司裡的事有那麼忙嗎？最近也經常很晚回家。現在連你也晚回家了，你的學校作業還沒做……

我：媽，您吃飯吧，不要等哥哥了。我剛才已經吃了一碗麵，現在我馬上回房去做功課。（意欲上樓）

媽：等一等。

我：（轉身，看著媽）媽，還有什麼事？

媽：（關懷地）你學校的功課也忙，學業為重呀！你就不要去你哥哥的公司當什麼練習生了，你現在才開始做作業，要做到什麼時候？明天一大早還要上學，睡眠不夠，你這身子怎麼吃得消呀？

我：媽，您放心吧，今天的功課不多，以後我早點回家就是了。（逕自直奔上樓）背後，扔下了媽的抱怨：「你呀！老是不聽話！」

做完了數學習題後，又寫了一篇約一千三百字的作文，確實有點累。看看時鐘，已經一點了。很想睡，看到哥的床鋪，一床厚棉被已經整齊的摺疊好，上面放著一件洗燙好的白襯衫，再看看我的床上，明天要穿的童軍服和一雙長統白袜也端端正正放在枕頭上。媽就是這麼細心，明天要上童軍課她都記得，如果我不看課程表，真不知道明天還要上童軍課呢。

兩點鐘了，哥怎麼還沒回來？這樣的情況還真少見。我從窗外望向巷口，一幅蕭殺景象呈現在我眼前，不禁倒抽了一口氣。咦，昏暗的街燈下，一個人影在踽踽獨行，仔細看去，一個穿著黑色厚重大衣，手持公事皮包的人在走向家門口，定神一看，那是哥！

「到那兒去了？真是急死人！」臥房門口輕輕推開，哥臉色蒼白地走進來，跌坐在椅子裡。

「跟幾個朋友喝酒聊天。」哥疲乏地說：「聊得起勁，也不知道時間了。」

5

有一天晚上大約十一點鐘，我正在埋首作文，爸突然跑了進來。

「孝桓怎麼還沒回來？」父親四下看看，驚奇地問，隨即坐在我對面哥的書桌前，表情嚴肅的直盯著我。

我放下鋼筆，訥訥地說：「還沒回來，還早嘛！」

「還早？」父親睜大著炯炯有神的兩眼，看得我心裡直發毛。

父親對我們兩兄弟是很嚴厲的，不過，因為他的事業忙，應酬多，所以平常很少見面。有時候，他在深夜返家後，會跑到三樓我們的臥房，輕輕推開房門，看看我們有沒有睡覺。有時候我睡在床上，還沒有睡著，瞇著眼，偷看他的舉動。他會輕輕走到哥的書桌前，翻動著哥的書本以及其他文件。

「他是不是經常很晚回來？」父親問我。

「沒有經常，祇是偶而……」為了不讓父親擔心，我撒了謊。

「唉！外面很亂！」父親嘆了口氣：「你哥哥不知道在忙些什麼？公司裡的事情，不會忙到現在還不回來。」

我常在報上看到上海的抗日地下活動很頻繁，一些日本人和漢奸被暗殺，時有所聞。爸擔心哥的交遊廣，不小心結交一些重慶分子，那就麻煩了。

父親的目標突然轉移到我身上了：「聽你哥哥說，你在他公司裡當練習生，有時候還做股票？」

「偶而做做，賺點零用錢。」我期期艾艾地望著父親。

「這是一種投機！是賭博！」父親是生氣了：「你小小年紀，膽子可是很大呀！」父親眼睛一轉，想起來了：「對了，你還有一本亞洲銀行的支票簿？」

糟糕，他怎麼知道了。那本支票簿是為了一點幼稚的虛榮心，才向表哥開口立戶的。當時，表哥還用一種懷疑的眼光上下打量我，意思是說：一個中學生有這個需要嗎？起初他婉拒了我。我編了很多理由，要求他給我一本，他拗不過我，最後答應了。其實，他是聰明人，他不願得罪他老闆的兒子。

我低頭，默認了支票的事實。父親厲聲地大吼：「把支票簿給我！」

我倖然的從上衣口袋裡取出了支票簿，無奈地，雙手遞給了他。

6

嚴冬還沒過去，今天飄了一天的雪，上海街道上滿地濕漉漉的，兩旁水溝裡已經結了一層薄薄的冰。

下午六點鐘，我從哥哥的公司步行回家，穿過四條馬路就可以到家的弄堂口。今天我沒有交割工作，哥哥告訴我，父親打電話交代他，不讓我去公司當練習生，更不准我做股票。哥說：爸擔心我的學業會受影響。

在距離弄堂口不到十公尺的轉角處，平時常常堆滿了垃圾，今天垃圾依舊堆滿在那裡，可是在垃圾旁我發現了一具用布包裹的嬰屍，臉面已呈紫色，好可怕，我急步奔回家。

推開大門，客廳裡沒有人，媽可能在廚房裡準備晚餐。

「媽！我回來啦！」我拉開嗓門朝廚房喊。丟下手上的書本，拿起電話撥了巡捕房②的號碼。

「喂，巡捕房嗎？我要報案……我發現有一具嬰兒的屍體……」我氣急敗壞的說：

---

② 過去上海的租界時代，警察局叫巡捕房。

「在霞飛路三百七十弄的弄口……一堆垃圾裡，你問我是誰？我是路過的……報案的手續？好，我叫王孝齡，就住在三百七十弄四號。」好心報案，還懷疑我，問了一大堆話！

媽已經從廚房出來。

媽：（著急地）你怎麼跟巡捕房裡的人打交道？你會惹麻煩！

我：（跟媽解釋）我是報案，剛才在弄堂口看到垃圾堆裡一個嬰兒的屍體，不知道誰那麼狠心！

媽：（感慨地）這個亂世呀！什麼傷天害理的事都有人幹得出來！孝齡，你還在唸書，你哥哥的公司就不要去了，現在的社會很亂，放學後馬上回家，免得我擔心。

我：（趨前）媽，您放心，哥的公司我以後不會去了，爸也不准我去。

媽：（擔心地）你哥到底在忙些什麼？下了班也不回家。

我：（差一點笑出聲）媽，您擔這個心是多餘的，哥那麼大了，又不是小孩子。

媽：（瞪大了眼，急了）你沒看報？報紙上天天登殺人搶劫的新聞，日本憲兵隊也經常抓重慶分子。前天還抓了十幾個大學生，其中一個是女的；如果他們真是重慶分子，那也沒話說，槍斃、殺頭，算是為國捐軀，萬古流芳。如果日本人抓錯了人，屈打成招了，那——豈不成了冤死鬼。

聽了媽的一番話，想想也很有道理。哥告訴我，他有一位大學同學在不久前的一個深夜裡，被日本憲兵帶到憲兵隊，問了三天，還用了刑，吃了不少苦頭，第四天就轉送到「七十六號」③，到現在還沒有放出來。哥的交遊廣，朋友中如果碰到一個重慶分子，麻煩可大啦。想著想著，媽叫我到餐廳吃晚飯。

吃飯的時候，媽跟我談了些父親最近的情況，父親的銀行好像經營得不如理想。做完了學校的作業，看看錶，十一點十五分，媽送來了一碗蓮子湯要我吃下去，順手把哥哥的白襯衫放在哥哥的床上，然後叮嚀我早點睡覺。

一覺睡到哥回來。他怕吵醒我，所以沒把房內的大燈打亮，輕手輕腳地移步到他床前，把小檯燈打亮了，然後轉頭朝我看有沒有睡著。其實我早已醒來，我瞇著眼佯裝在睡覺，還不時故意發出幾下長短不一的鼾聲。他以為我正在酣睡，於是走到衣架旁，脫下了大衣，把它掛在衣架上，又回頭看我，確定我沒醒來，於是把西裝上衣脫下，用小衣架把它掛好，轉過身來時，我瞇著眼偷看，發現他腰間掛著一枝手槍。

他邊走向床前，邊將腰間的手槍取下，塞進了枕頭底下，回頭又看看我。這時我已沉不住氣，血液在我體內沸騰，我坐起，睜大著兩眼，結巴地說：「你——在幹什麼？怎——怎麼有槍？」

③「七十六號」為抗戰期間汪政權時代，設在上海極司斐爾路七十六號的特工總部，主持人是李士群。

哥臉色大變，急忙衝到我面前，輕聲地：「千萬不能告訴任何人，這是要命的！」

「我參加了三青團。」哥壓低著聲音：「不能讓爸媽知道，他們會替我擔心的。」

「可是，外面的風聲很緊，日本憲兵到處在抓人。」

「這個你放心，我們是單線領導，很難查到的。」哥在解釋。

「單線領導？」我很好奇。

哥聳聳肩：「我們在上海的工作同志很多，但是互相都不認識，出事的機會不大。」

哥在安慰我：「孝齡，你放一百個心，我會沒事的；不過，你要為我保守祕密。」

「我絕對保守祕密。」我說。

7

自從我發現了哥的祕密後，他會要求我替他做些事，這些事對我來說是最簡單不過的。有一次，他叫我在放學後送一封信給百樂門舞廳一位徐萍姐姐，他還特別交代，八點鐘進去，一定要準時。好傢伙！我哥交了一個舞女！

在去百樂門舞廳的電車上，我好奇地將沒有封口的信封打開，看看是什麼精彩的情書。不料，打開後卻大失所望，字條上僅寥寥幾個語意不詳的字：「黎明前的黑暗，長江後浪推前浪」我心裡很納悶，哥就為了這兩句話，要我放學後趕到百樂門送這封信給那個舞女？唔！對了，這兩句話一定是一種暗語。但它又代表了什麼意義呢？

想著想著，電車已慢慢開到靜安寺路底，百樂門就在附近。

我跳下車前後看看有沒有可疑的人跟蹤。這是哥特別教我的，如果發現有人跟蹤，那必須逆方向繞道而行，或視當時情況改乘計程車或公車，坐一段路後再改搭別的交通工具，擺脫盯梢。

情況很好，沒有發現可疑的人，於是我放下心來；不過，這時我已感到飢腸轆轆，該吃東西了。看看手錶，才六點半鐘，距離哥要我八點鐘準時進場找徐姐姐還有一個半小時，我有足夠的時間好好享用一頓晚餐。我選擇了那家消費昂貴的梅龍鎮飯店。

十里洋場的上海，現在雖已成孤島，但處處笙歌，一片歌舞昇平的景象，很多上海人過的是紙醉金迷的生活。我不禁有朱門酒肉臭，路有凍死骨的感嘆。

今天的寒風正颾得緊，氣溫恐怕在攝氏零下十度，穿西裝實在抵不住冷風襲人，厚重的大衣又不愛穿，所以我穿了一件輕軟而舒適的藍色絲棉長袍，脖子上圍了一條白色羊毛圍巾，手上拿著兩本厚厚的原文書，倒像是一個大學生的模樣。

八點鐘，我傲視闊步地走進了氣派豪華的百樂門。

這是我第二次走進這家聞名亞洲的舞廳。不久前，父親跟哥請了他們的合作夥伴一起來跳舞，我也跟在他們屁股後面見見世面。

一樓的領班告訴我，徐萍小姐正在二樓。步上二樓時，管絃樂隊演奏的一支「夜來香」正接近尾聲，一個西裝畢挺的侍者向我迎來。

「請問——您？」侍者一眼就知道我不是舞客。

我四下巡視，其實我不認識徐萍：「我找徐萍小姐。」

「請跟我來。」侍者領我到一個座位前：「你在這裡坐一下，我馬上請她過來。」

侍者在昏暗的燈光下消失了。

樂隊再度響起，是一支輕快的「結婚進行曲」，舞台旁亮起霓虹燈打出的一行英文字：Robin and his Orchestra原來是洛平領導的菲列賓樂隊，我在報紙上看到過有關Robin的介紹。

上海著名歌女姚莉正吐出甜美的音符，我的眼光轉移到中間圓形的彩色玻璃舞池裡，有十幾個中年人擁抱著打扮得雍容華貴的舞女跳著吉特巴。

侍者已經將徐萍帶到我的座位前。

徐萍的身材高䠷而勻稱，穿了一件深紅色胸前繡有一朵白玫瑰的旗袍，突顯出白皙的皮膚，兩隻大而圓的眼睛，高挺的鼻子，在淡粧下洋溢著青春的智慧。好一個麗質天生的大美人。

「您找我？」徐萍訝異地望著我。

我從座位上站起來：「王孝桓是我哥哥，他要我送一封信給妳。」

「噢！」她明白了我的身分與來意，立刻在臉上綻開了笑容：「原來是王小弟，快請坐。」

我從書本裡抽出了那封奇怪的信，遞給了她。

徐萍急忙將信打開，當然很快看完了：「你哥哥還有什麼話要轉告我？」

我想了一下：「沒有，他祇是要我在八點鐘的時候送信給妳，他強調，一定要準時。」

徐萍微微點頭：「王小弟，你要不要來杯咖啡？」

「不了，謝謝！」我與她道別：「我還得回家做作業呢。」

回到家已經十點半鐘，大門外，父親的車子已經停靠在那裡，今天他難得回來那麼早。開了門，父親的司機兼保鑣老張首先出現在我面前。

「小少爺，老爺跟太太為了你們兩兄弟，現在正在樓上臥房裡吵得很兇。」老張在向我示警。

在二樓父親臥房裡傳出父親的咆哮聲中，我用最輕的腳步，經過二樓走上三樓，進入臥房，鎖上了房門，開始做我的功課。

今晚哥回來得很早，我的功課還沒做完，他已打開房門，脫下長袍，倒頭就閉目躺在床鋪。

我一直在注意他的動作，今天的情況可不尋常。

突然，他睜開眼睛，有氣無力地問：「八點鐘的信送去了沒有？」

「準時送到。」我放下鋼筆，移坐到他床邊，輕聲地問：「發生了什麼事情？」

他坐了起來，點燃了一支煙，（他已開始抽煙了。）深深吸了一口，臉色陰霾：「爸的針織廠快要倒閉了，也連帶影響到他的銀行。」

「怎麼會這樣？」我驚奇地問。

「我也說不出所以然；總之，事情很複雜。」哥移坐到他書桌前，將煙灰輕彈進桌上的煙灰缸內：「資金週轉失靈的主要原因，我看跟目前的棉紗管制有關。」

哥是學經濟的，在商場也是見多識廣，我相信他的判斷能力。

哥突然精神抖擻地在桌曆上撕下一張，用鋼筆在紙上畫著，我走近看他在畫什麼。紙上是一隻烏龜，龜甲背上有兩個字：「日本」。

哥回頭，把紙交給我說：「明天去買一塊橡皮，大概三寸見方，在上面照這個樣子畫好，然後用小刀刻成陽體的。應該沒問題吧？」

我接下了那張日曆紙，迷惑地：「橡皮？去那裡可以買到三寸見方的橡皮？」

「文具店裡沒有這樣大的橡皮——」哥想了一下：「到修理皮鞋的攤子上，買一塊橡皮做的鞋後跟不就解決了」。

「把日本烏龜刻好了幹什麼用？」我仍是一團迷惑。

「當然要蓋在紙上啊！」哥又以訓斥的口吻說話了：「你以為是刻著玩的？你是豬腦筋？」

哥交代我去文具店買五千張白紙，對切成一萬張，用橡皮鞋底刻成的「日本烏龜」蓋在紙上，蓋好以後將「鞋跟印章」銷毀掉，要澈底銷毀。下星期選一個晴天的夜晚，跑到國際飯店的頂樓，四顧沒人時，將一萬張宣傳單全部丟下去，然後以最快速度撤離現場。

好傢伙！哥說得輕鬆容易，要蓋完一萬張宣傳單，手肯定會癱瘓；而一萬張紙有多重？體積有多大？我一點概念也沒有，我懷疑是否可以提得動、拿得下。

哥命難違，只有照辦。

三天以後，我在下午放學的回家途中，跑進了一家文具店。

「五千張白紙？」店老闆瞪大著一對眼睛。

「是呀！信紙大小的白紙，我要買五千張。」

「我到倉庫看看有沒有那麼多。」店老闆進到裡面找貨，我在外面盤算著，五千張紙到底有多大體積？我如何把它帶回家？正躊躇間，店老闆滿頭大汗漲紅著臉，捧了一大堆白紙出來。

「全部庫存的——只有——四千張。」店老闆有點喘氣。他把一大堆白紙分成兩疊放在櫃檯上，然後轉身在貨架上抽出了一疊白紙。「這裡是八百張。」他將紙平均加放在兩大疊紙上。「總共四千八百張。」店老闆鬆了一口氣，拿起算盤撥弄了幾下：「零售一張是八毛錢，你老弟買那麼多，一張算你七毛，總共三千三百六十塊。」

我從大衣口袋裡掏出了四張一千塊，遞給了店老闆：「我要怎麼拿回去？」

店老闆把錢收在抽屜裡，又取出零錢找給我：「最好放在手提袋裡，拿起來比較方便；不過你沒有帶來。」他想了想：「現在只有把這些紙分成兩疊，繩子捆綁起來，一手提一疊。」

店老闆又進去找繩子，我看著那兩堆白紙，估計著有多重，一手提一疊是否提得動？哼！哥出的餿主意真叫人受不了。

店老闆取了兩根粗繩子出來，費了不少功夫把兩疊紙捆好，我試著用手提，還可以勉強承受。

兩手提著好幾公斤的紙走回家實在吃不消，於是，我雇了部計程車。

車子剛過了霞飛路，眼看快要到家了，我突然想起哥不是要我將紙對開裁成一半嗎？我怎樣去切割這麼多的紙？對了，印刷裝訂工廠可以完成這個工作，但是，到哪兒去找裝訂工廠？還是回到那家文具店，求助於那位老闆吧。

「對不起，請你再開回去。」我對司機說。

「怎麼啦？再開回去？」司機不解地回頭看我一下。

「對啦！就是我剛才上車的地方。」

司機把我送到文具店門口，我付了車資，提著兩疊紙走進了文具店。

店老闆臉上堆滿笑容，特別從櫃檯跑出來迎接我。

「還要買些什麼？」

還買？再買我能帶回去？

店老闆幫我把兩疊紙放在櫃檯上後，我說明來意，請他設法將紙切成一半。

「沒問題，我會拿到工廠去切。」

「要多少錢？」

「連車費，大概要一百塊。」

我付了錢：「哪一天來拿？」

「後天下午可以來拿了。」稍頓：「我建議你，後天來拿的時候，最好帶一隻大一點的手提袋來裝。」

我向他道謝告別，如釋重負的踏著輕鬆的步伐走回家。

媽在廚房裡準備晚餐，我鑽進了樓梯下的儲藏室裡，從許多大小不一的手提袋中選擇了一隻較大的。拿出來時，媽剛從廚房端著一盤我愛吃的蔥爆牛肉。

「你要用手提袋？」媽將菜盤放在餐桌上，轉身問我。

「學校要辦文藝活動，班上推派我負責文宣，好多宣傳品必須集中在一起。」我無可奈何的撒了謊，真是罪過！

「你呀！以後還是少參加活動，多念點書，好好把功課做好才是最重要的。」媽叮嚀完後又進去廚房。

我一溜煙奔上三樓臥房，把手提袋丟到床下後，走到書桌前坐定，拿起鋼筆，在紙上寫下：「明天待辦事項：鞋後跟一塊——附近皮鞋攤，小刀一把——文具店」。

第二天放學後，我又跑進了那家文具店。

店老闆笑容可掬地迎向我。

「不是說好明天嗎？」

他以為我是來拿切好的紙。

「我要買一把刻印章的小刀。」

店老闆從他後面的櫃子裡取出了一把尖銳的小刀，遞給了我：「這是刻木頭印章的小刀。」

我看了一下，刀鋒很銳利，於是我買了下來。

回家途中，找到了一家在弄堂裡擺修理皮鞋的攤子，當我向那位身體傴僂的老頭說明祇要買一隻皮鞋後跟時，他用疑惑的眼光揪我一下，慢慢地從一隻破爛的木箱子裡翻出一隻鞋後跟遞給我。

「你自己會釘？」

「我有別的用途。」我付了錢，順著回家的路，輕快地大步走去，心裡一邊在盤算著，哥的交辦總算有了初步的開始。今晚做完作業，立刻進行刻「日本烏龜」的工作。刻印章還真是第一次呢，一點也沒經驗；不過，我想一定可以勝任。

果不其然，當晚我很順利的把那隻「日本烏龜」刻好，雖然消耗了很多時間，刻到凌晨兩點才完成，右手也疼痛不已；不過，我心情愉快，我終於將哥交代的任務更邁進了一步。

我信手在便條紙上寫下：「明天——取切好的紙。」

8

這半個月以來，我利用晚上空檔時間，先將房門鎖上，再從床下取出大堆白紙放在書桌上，把「日本烏龜」透過藍印台上的墨水，蓋在一張張的白紙上。數量實在太多，但我每晚最多祇能蓋兩千張，雙手就覺得酸疼，心情的緊張也加速我的疲憊不堪，因為我深知我這種行為如果被漢奸或日本憲兵查到，後果是相當嚴重的，我現在幹的是「抗日」工作。

哥有時回來的很早，他進我們的臥房前，先敲門一下，隔一秒鐘再連續敲三下，那是我們約定的記號，如果不是那種敲門聲，我會立刻把蓋印好的紙收在床底下的大行李袋裡，然後去開門。不過，這種情況實在不多，因為這半個月來，我先把學校作業做完，時間已經很晚了。媽進來的時間，大多是在我做作業的時候。這半個月裡，媽曾有一次在深夜敲門進來，那是因為我臥房的大燈沒熄，她進來看看我們怎麼還沒睡。我就假裝在看書，她用憐惜的眼神看著我，叮嚀我早點就寢。

自從媽在深夜裡看見我們的臥房沒關燈而進來一次之後，所以我在進行「抗日」行動時，先將臥房的大燈熄掉，留下書桌上的檯燈，這樣在外面就看不到室內的燈光了；真的，我很怕媽知道我在從事這種危險的工作，她會為了我的安全極力反對而加以阻止的。

9

這是我第一次的「冒險經驗」，緊張與興奮交集的情緒湧溢全身。在一個天氣晴朗的深夜裡，我提著沉重的滿裝「日本烏龜」反日傳單的手提袋，跑上了南京路的國際飯店頂樓，居然沒有遇見一個人。暗淡的月光下，我四顧無人，快速地將大堆傳單往下面撒下去，祇見滿天白紙隨風飄舞，蔚為奇觀。我以最快速度離開了現場，乘電梯下樓，招了一部黃包車回到家，一路平安無事。

我輕輕推開樓下大門，客廳在沉睡中。我輕關大門後，正想步上樓梯時，突然一種壓低著嗓門的聲音傳送過來：「小少爺，請你過來一下。」是老張山東腔的聲音。那麼晚了他還沒有回家，在這裡等我，一定有什麼消息要告訴我。我移步至老張坐的長沙發旁坐下。藉著窗外的月色，我清晰的看到老張嚴肅的臉。

「小少爺，你那麼晚到哪裡去了？」老張輕聲地問我：「大少爺可能有麻煩了，你可要小心一點！」

「到底是怎麼回事？」

「七十六號的一個朋友，最近常跟我打聽大少爺的事情，說大少爺跟重慶分子有來往。」

「你怎麼對你朋友解釋？」

「我當然說大少爺整天忙著公司的事，交往的朋友也都是很單純的生意人，對政治絕對沒有興趣。」老張說。「我的朋友要我轉告大少爺，叫他特別小心，如果給日本憲兵抓到什麼把柄，他們也幫不上忙。」

聽哥說，上星期中午，中華電影公司的巨頭張善琨④、川喜多（日本人）⑤與來自台灣，留學日本，在上海走紅的劉吶鷗⑥三人，在福州路京華酒店午餐時，被重慶分子襲

④張善琨（一九〇五至一九五七）浙江吳興人，著名製片家，一九三二年與童月娟結婚，婚後創辦新華公司，租用電通片廠將連台本戲《紅羊豪俠傳》拍成電影，大受歡迎，自此製片甚多。上海淪陷後，在租界內首先恢復製片，出品打入四家首輪西片戲院。太平洋戰後，出任中聯及其後的總經理，其間協助我方地下工作人員甚多。一九四六年在港協助李祖永創辦永華公司，策劃製作《國魂》、《清宮秘史》、《大涼山恩仇記》。一九四八年脫離永華，另組「長城公司」出品《蕩婦心》、《血染海棠紅》大受歡迎。

⑤川喜多（一九〇二至一九八〇）全名川喜多長政，生於日本東京。他的父親川喜多大治郎是砲兵上尉，日俄戰爭終了的第二年，應滿清政府之聘，到保定軍校擔任教官，全家移居北平，川喜多長政的童年就在北平渡過。當他讀小學五年級時，他那熱愛中國的父親因病逝世，乃隨母回到東京。一九二二年中學畢業，又回到北平讀北京大學，畢業後到德國留學，一九二八年回到東京，從事電影發行事業，成為日本電影界發行西片的大亨，一九四二年，日本軍部在上海設立中華電影公司，請川喜多擔任公司負責人。對他來說，中國是他第二故鄉，更對日軍的侵略和虐殺行為感到不滿。在他任內不但拍以古喻今的愛國影片，激勵敵後中國民心，如《木蘭從軍》、《梁紅玉》、《文天祥》等。公司內部潛伏有重慶的地下工作人員，他也儘量掩護。

⑥劉吶鷗（一九〇〇至一九四一）原名劉燦波，生於台灣台南縣新營，家庭富裕。年輕時赴東京，在青山學院攻讀文學，畢業慶應大學文科，再到上海進震旦大學法文特別科。一九二八年起，劉吶鷗在上海創辦書局，翻譯出版日本新感覺派小說集、月刊、電影公司，自編劇本《猺山豔史》，由楊小仲導演，賣座不佳。一九三二年，與人合作創辦《現代電影》雜誌，發表電影學術理論，提倡唯美主義。一九三五年，明星公司成立編劇科，他受聘編劇，寫了《永遠的微笑》，吳村導演，胡蝶主演。又替

擊，劉吶鷗身中兩槍當場斃命。這幾天，日本憲兵就抓了四個人，關在貝當路憲兵隊裡錄問口供。

大門外有皮鞋走動聲，不久，大門被推開了，哥輕聲地走進了客廳。當他發現我與老張坐在一起，馬上走近了我們，輕聲的問：「有什麼事嗎？」

「七十六號在調查你，老張的朋友要你在交遊方面特別小心！」我邊說邊拉著哥的手往樓梯口走。

在臥室裡，哥告訴我有關重慶分子被抓了以後，往往會釋放出來，先後已經放了好幾百人。南京政府可能有高層人士在維護他們。哥說，一位姓金的新聞工作者，也是一位律師，與上海市長周佛海關係密切，上個月就保釋了蔣委員長駐滬代表蔣伯誠與杜月笙的總管萬墨林夫婦。哥還說，重慶政府與汪精衛政府應該有一定程度的默契與連繫。

哥：（突然問）「日本烏龜」發出去了嗎？

我：（得意地）發出去了，沒想到那麼順利。

藝華公司編導《初戀》，捧紅新人李紅、張翠紅，主題曲《初戀》，流行迄今。汪政權時代，接任國民新聞社長。一九四〇年參與籌備「中華聯合電影公司」，出任製片部長。一九四一年九月三日，與「華影」巨頭川喜多、張善琨等在京華酒店共餐時，被重慶分子暗殺，身中兩彈斃命。

哥：（難得的讚美）很好！（語轉嚴肅）不過，勿要得意忘形了。上海最近常常有人投擲炸彈、槍殺日本人跟漢奸，所以日本憲兵隊與七十六號都很緊張，拼命在抓人，今後我們的工作要更加審慎小心了。（取出戲票遞給我）言慧珠⑦後天晚上在皇后戲院登台，我包了第二排的位子捧她，你可以請你的同學去看戲。

皇后戲院的平劇票貴得嚇人，哥居然捨得這樣花錢捧場。

10

一九四四年三月，南京政府主席汪精衛飛日本名古屋，住進了帝大附屬醫院，將一九三五年在南京國民黨中央黨部遇刺後，留存在體內的子彈取出來。術後情況極差，因子彈留存體內過久，誘發而成為多發性的骨髓腫症，同時又併發了肺炎，延至十一月十日下午四時二十分逝世，遺體於十二日運回南京。此時，陳公博接任了南京政府主席。

有關汪氏的死因，在民間盛傳是給日本人所毒斃，為什麼會有這些不經的傳言？因為汪氏在執政五年中，民間多知道他與日軍是在抗爭而不是在俯首聽命，這不得不回憶到汪氏於一九四〇年三月三十日以國民政府還都名義正式成立，民間卻有「蔣汪雙簧說」的流言。

⑦言慧珠，河北人，為京劇名伶言菊朋之女，自幼習青衣花旦。曾主演京劇影片《三娘教子》，後主演劇情片《同心結》、《心心相印》等。抗戰末期在京滬一帶公演京戲，紅極一時。

一九四四年，也是我們王家的「大兇年」，父親的事業殞敗，導致了他的痼疾復發，當我們將霞飛路的房子賣掉，搬進了小沙渡路一位表姐家暫住後，父親的肺炎加上氣喘病更為惡化，在公濟醫院擔任副院長的表哥安排下，住進了公濟醫院病房接受治療。而哥的公司也受到父親事業慘敗的連鎖骨牌效應，遣散了員工，含淚宣佈結束營業，從此不見人影，失蹤了。

父親住院已經半個月，我每天放學後坐電車到醫院探望他，母親因為要照料他，所以一直住在病房裡陪他。今天我推開病房門，看到父親正在酣睡。我輕輕地將一把椅子移近病榻旁坐下，凝視正在熟睡中的父親。一張消瘦而略呈黃色的臉，急促的呼吸，這是一位傑出的壯年企業家，落得現在貧病交迫的窘態！他是我敬畏的父親！母親從病房外進來，見到我來了，立刻招手要我過去。

我跟著母親走出病房，在走廊上，母親神色黯然地說：「剛才醫生對我說，你爸爸的病不太樂觀，要我們有心理準備。」

窗外有閃電，突然一聲響雷，接著一場滂沱大雨，下得我心情悄然，愁雲滿佈。

「你哥有沒有消息？」母親忽然問我。

我凝視著母親那張悽惘的臉，實在不忍告訴她哥失蹤後一點消息都沒有。就在這個時候，奇蹟出現了，哥突然站在我面前。

哥：（眉頭深鎖）爸爸怎麼啦？

母：你可回來了，快去看看你爸！（推哥進病房）

病房裡，哥站在父親病榻前。

哥：（輕聲地）爸！

父：（微睜兩眼，有氣無力地，有點喘）等我病好，要好好管管你們！

在父親心目中，哥是我們家的敗家子，把父親的錢拿來揮霍，交際應酬，捧名女人。有一次，哥的亞洲銀行支票因存款不足，按理就要退票，銀行經辦小姐知道哥身分，馬上請示經理，經理再面報總經理的表哥，表哥馬上設法將不足的金額補足了，大少爺怎能退票？傳出去還得了。事後，表哥在一個適當的時機，委婉地向父親報告退票事件的經過，父親聽了十分憤怒，說要對哥好好管教管教。

小沙渡路鳳寶姐的房子，跟我們霞飛路的房子格局幾乎一樣，也是用紅磚砌造的三層洋房，後面也有一個花園，我們一家四口就擠在樓下的大客廳裡。為了減輕父親的負擔，我從那所學費昂貴的教會學校轉學到新聞路的大同附中，從住家到學校，走路祇要十分鐘。

哥失蹤一段時間後，突然在醫院出現，我們終於放下了忐忑不安的心；不過，自從搬到鳳寶姐家，哥經常不回家睡覺，不知他在忙些什麼？有時候我問他，他總是支吾其詞，含糊搪塞一下。有一天晚上，我實在沉不住氣了，逼問他究竟在幹什麼？他無奈地坦白告訴我：「上個月，我被日本憲兵隊關了十幾天，吃足了苦頭。」他邊說邊將上衣掀起，露出胸口一大塊紫青色傷痕。

「後來被一位張先生把我保釋出來。」哥將上衣整理好：「在他那裡住了幾天，認識了那位傳說中的辦報的金雄白⑧，他知道我沒有工作，就安排我在他的《平報》擔任發行部經理。」

電話鈴聲打斷了我們的談話，是母親打來的。

「孝齡，你趕快來醫院，你爸爸不行了！」母親急促的聲音。

「我們馬上到！」我悽惘地掛上電話時，哥靠近我問：「怎麼啦！」

「媽來電話，說爸不行了，我們得趕緊去醫院。」我邊說邊拿起電話，撥了祥生汽車公司的電話。

⑧金雄白（一九〇三－）在新聞界當過記者、採訪主任、社長，也當過律師，創辦過銀行。一九二八年，金雄白進入陳立夫在南京創辦的《京報》，適逢北伐軍蔣介石總司令北上，金雄白隨節採訪，認識了時任政治部主任的周佛海，決定了他後半生的全部命運。抗戰期間，上海淪陷，曾透過周佛海關係將蔣委員長駐滬代表蔣伯誠從日本憲兵隊保釋出來，也曾負責三青團與國民黨在上海的工作經費，並先後救出重慶分子數百人。抗戰勝利後，因與周佛海關係密切被關，後經「蔣委員長駐滬代表公署」以公文給法院，證明他有功於政府被釋放，可是已經坐了近三年冤枉牢獄。

我與哥趕到醫院病房時，主治醫師正在父親胸前進行電擊急救，母親跪在病床前低頭禱告。忽然，醫師停止了急救動作，他額上的汗珠清晰可見，回頭向母親嘆吁：「沒辦法！我已盡力了。」

11

父親的喪事，在鳳寶姐經濟支援下終於圓滿完成，父親長眠於蘇州祖墳場。

母親自從父親去世後，覺得不能長期依賴鳳寶姐的幫忙，於是拜託公濟醫院的表哥，安插在醫院的針線間工作，表哥還為母親安排解決了食宿問題。

一九四四年，也是抗日戰爭結束前的關鍵年，那年秋冬之際，日軍在太平洋戰爭節節失利，盟軍在法國西北部的諾曼第登陸。十一月二十二日，重慶政府的蔣委員長與美國羅斯福總統、英國邱吉爾首相在開羅舉行會議五天，廿七日發表公告，聲明日本必須無條件投降。翌年的一九四五年五月八日，德國無條件投降，歐戰結束。七月廿七日，中、美、英三國發表波茨坦宣言。八月六日，美機向日本廣島投擲第一枚原子彈，全市毀壞殆盡，死傷約達十六萬人。八月八日，蘇聯向日軍宣戰。八月九日，美機向日本長崎投擲第二枚原子彈，全市化為灰燼。八月十五日，日皇下詔，無條件投降。

至於南京政府的陳公博代主席，在八月六日下令正式解散政權，並電蔣委員長，表示日軍決在南京、上海、杭州、徐州四地集中，待命繳械。

抗戰勝利了，來得實在太突然。重慶政府要接收廣大遼闊的淪陷區，實在滋事體大。淪陷區內有數百萬日軍繳械問題，也有數十萬汪政權的和平軍處理問題，所謂「漢奸」的處理問題，中共軍的蠢動問題。幸而當局卻有指揮若定的本事，一面命令等待投降敵軍，為我們捍衛國土，以防止共軍的乘機蠢動，一面又利用汪政權固有的武力，以維持地方的治安。並以「行動總指揮」的名義，給予周佛海，以「先遣軍總司令」的名義，給予任援道⑨。而且還兼用特工的手法，重慶電台不斷廣播：「寬大！寬大！寬大！」並且說：「汪政權中人，如能各守崗位，保護財產的，還將論功行賞。」這是過去在祕密電台上對周佛海等不斷嘉勉的一貫手法，許多人也真是天真地中了「國無信不立」的書毒，確實相信即使蔣汪之間，不是唱的什麼雙簧，政府總也不至於自食諾言，公然說謊。從日軍宣佈投降起，以迄重慶派人接收止，大體上確是於寧靜中渡過了一段很長的時間⑩。

抗戰勝利了，三青團也從地下祕密活動轉為半公開。

哥一直忙著三青團的工作，有一個週末之夜，我將學校的作業做完，他回來了。

---

⑨ 任援道，出身保定軍校，民初即參加革命，北伐前與政府當局早有淵源，秘密効力。抗戰淪陷區汪政權時代，曾任部長、省長、陸軍總司令。重慶接收完畢後，獨能安然無事。

⑩ 見朱子家著《汪政權的開場與收場》前段第一三八頁，古楓出版社，一九八六年出版。

「明天是星期天，我帶你去我們三青團的團部。」哥說話時，掏出了一包前門牌香煙，抽出一支叼在嘴上（他現在的煙癮很大），用火柴點燃：「你被分派在上海支團的第八分團，跟我在一起，團部在虹口的北四川路。」他坐在他那張用兩隻大木箱拼湊起來的床鋪，猛吸了一口煙：「明天去八分團，順便領團服、團證。」

「三青團上海負責人吳紹澍，現在代理上海市長，將來可能會是誰來擔任市長？」我好奇地問。

哥：（沒想到的問題）這個嘛——應該是由委員長駐上海代表蔣伯誠來接市長——因為他一直在上海冒險工作，直接指揮三青團與國民黨上海市黨部的工作，對抗戰貢獻很大。

我：（想起了）你們平報老闆金雄白，曾經從日本憲兵隊裡保釋出來的那位蔣伯誠？

哥：對了，就是他。今天我在金社長那裡聊了一會。現在上海的情況看起來很平靜，其實很亂。有一些從天上飛下來的，地下突然鑽出來的人，說是奉重慶指示要來接收，不知道是真的還是假的？

我：（搞不懂）怎麼會這樣？

哥：明天到團部去了解一下。

12

三青團的全名是三民主義青年團，我被分配在上海支團第八分團。那一天是星期日，哥帶我到位於北四川路淞滬警備司令部斜對面的團部，是一幢接收日產的兩層樓房，我們走上二樓進了一間辦公室時，許多職員很熱烈親切的站起來跟哥打招呼。哥介紹了其中一位姓潘的組長給我認識，潘組長馬上領我到他的座位上，從旁邊櫃子裡取出了一套草綠色制服給我，並從抽屜裡取出一個繡有團徽的臂章與一張我的團員證，在一本登記簿上叫我簽收。哥又帶我到主任辦公室，介紹了第八分團的負責人龐主任給我認識。

龐主任請我們坐在一張長沙發上，自己在小沙發坐定，於是他們兩人的對話就開始了：

哥：重慶方面有沒有新的消息？

龐：有，（嘆息）唉！我們的蔣代表原來認為可以接任上海市長的；可是，昨天他聽了廣播說，由錢大鈞來接任，氣得他血壓上升，滿臉通紅地躺在床上。

哥：陳公博、周佛海他們，重慶方面會怎樣處置？

龐：（沉思）他們在淪陷區裡擔任重要職務，但六年來一直都跟重慶有連繫。周佛海有兩座祕密電台，一座通軍統的戴笠，一座通委員長侍從室，他一直在接受重慶的指示辦事，安排重慶的軍事人員在和平軍裡擔任幹部，釋放被關的重慶分子，連周佛海要出任上海市長都要請示重慶⑪。按理說，所謂「漢奸」，應該是不存在的。出賣國家民族，圖利敵國的中國人才算是「漢奸」！

哥：（搞不懂）可是，我聽說軍統的人已經開始在抓漢奸了。

龐：是呀！我還聽說漢奸的量刑標準，部長是無期，省長是死刑。

哥：可是，任援道當過省長，現在重慶卻派他擔任先遣軍總司令，這個怎麼解釋？

龐：京滬一帶都是他的部隊，因為他有實力，所以重慶方面對他有顧慮。

哥與龐主任的談話，我這個高中生聽了感到很新奇，也感到很迷惑，不禁自問：政治究竟是什麼東西？

13

母親在公濟醫院的針線間上班已經快一年了，我也從大同附中勉強畢了業。這最後一個學期的學費，幾乎無法繳納，是母親把父親的針織廠倒閉後剩餘的幾台針織機，以廢鐵處理賣的錢去繳的，說來是夠辛酸的。

升學還是就業？正躊躇未決的時候，三青團的潘組長通知我到團部去談話。

⑪ 見朱子家著《汪政權的開場與收場》後段第一三七頁，古楓出版社，一九八六年出版。

潘組長很客氣的請我坐在他辦公桌旁邊的椅子。

「聽你哥哥說，你對戲劇有興趣？」潘組長問我。

「是的，我小學畢業的時候，還演過一個話劇呢。」

「很好。」潘組長語轉嚴肅地說：「你目前有兩件事要做。第一、我們安排你進上海劇校，唸兩年書，是完完全全公費的，你的任務是調查校內左傾分子的活動，隨時向我報告。第二、每週休假日，你要參加團裡的受訓。第三、每個月一號，你到我這裡來領工作費三百塊，沒問題吧？」

那還有問題？有書可唸，還有錢可領，我滿口答應了潘組長的指示。當我向他告辭時，他忽然想起來說：「福州路有一家文化公司，情報顯示有左傾的跡象，你們劇校還有一個多月才開學，你不妨現在設法打進去摸摸底。」

「好，我馬上辦。」我欣然接下工作指示。

潘組長微笑地問我：「你如何打進那家公司？」

我想了想說：「我必須偽裝成一個不滿現實的失業青

我念上海大同大學附中時，母親賣了織布機來支付我的學費。

年，毛遂自薦的到那家公司去求職。如果我進了公司，除了努力工作，偶而也對政府表示不滿，取得公司負責人的信任後，才能蒐集需要的資料。」我一口氣把未來的工作計劃，說得潘組長聽了直點頭，連聲說好。

我以三天的時間，把準備工作做好，不洗頭、不漱洗、不換髒衣服，「打扮」成一個街頭流浪漢的樣子，跑進了福州路那家文化公司，說要見公司負責人。一位年輕人帶我到一位中年人面前：「張經理，有人找你。」

張經理抬頭，一張訝異的臉：「你找我有什麼事？」

我訥訥地說：「國家——不要我了，我——我已經——幾天沒有吃飯——我要找——一個工作——」

張經理站了起來，向我上下打量、端詳：「這裡是出版教科書的公司，你會做什麼？」

「抄寫、校對——或者其他打雜的工作都可以。」我期期艾艾地說。

「好吧，你先去後面廚房解決肚子問題。」他叫那位年輕人帶我到後面廚房。餐桌上有四五盤吃剩的菜，他打開電鍋，盛了一碗熱騰騰的白米飯給我，叫我坐下來慢慢吃。

我坐下來，拿起飯碗先猛啃了一口飯，再朝那盤紅燒肉裡挾了一大塊瘦肉往嘴裡送。那個年輕人一直站在我旁邊，用好奇的眼光看著我。我向他笑了一下，又狼吞虎嚥地吃起來。其實，這「狼吞虎嚥」是我的表演，剛才我來這家公司之前，已經在家裡下了一大碗豬油醬油拌麵，吃了個精光，現在哪能吃得下？但想到我在張經理面前訴苦說已經幾天沒吃飯，只有咬咬牙，硬著頭皮痛苦地吃起來，我的臉面呈現的表情，看得那個年輕人趣味十足。

在那家文化公司工作了二十幾天，所獲得的資料是：出版高中的理化教科書，是公司的業務，由教育局請人編寫好以後，交由公司負責打字、繪圖、製版。公司沒有印刷廠，是轉包給一家印刷廠印刷、裝訂，經公司驗收後，向教育局交貨、收款。公司有女性中英文打字員兩人，男性製版師傅一人，男性辦事員三人，那位年輕小夥子是負責清潔打掃的工友。我在二十多天裡，張經理叫我校對打好的文字稿，理化專業的稿子由另外兩人校對。公司員工七人，上班時間內除了兩台中文打字機的打字聲，幾乎沒有同事之間的談話聲，而張經理整天在與客戶電話連絡，或伏案撰寫，時而閉目沉思，或站起來抽支煙、伸伸腰。二十多天裡，我沒有發現有異常的情況。我把以上的調查結果向潘組長報告，潘組長很滿意我的表現：「不錯！怪不得你哥哥一直在稱讚你。」

「謝謝組長，我還要學習。」我說。

「上海劇校也快要開學了，你就找個理由把工作辭掉吧。」潘組長站起來與我告別：「下星期天早晨八點，你要來這裡參加無線電收發報訓練。」

14

抗戰結束的接收工作，做得實在糟。凡汪政權裡擔任職務的人，多被視為「漢奸」，除以「漢奸」罪移送外，還要接收他的財產，連與「漢奸」有點來往接觸的人，不查個中原由，也將其財產沒收。也有以公報私仇的，侵害到人民權益，有人譏諷接收為「劫收」，弄得社會人心惶惶。而「漢奸」陳公博、褚民誼、梁鴻志等被處死刑，周佛海先判死，後改判無期。有空名而無實力的軍人，也以判國罪都被處死，手握重兵的如任援道、吳化文、郝鵬舉、孫良誠、熊創東等，一律以衛國有功而仍加重用。

軍統局的戴笠在一九四六年的一次空難中喪命，他在汪政權中安排的許多「死間」，從此背負了「漢奸」的歷史罪名，他們的真相，永埋歷史塵垢中。

幸運的金雄白，曾是我哥的老闆——平報社長，因與周佛海關係密切，也被安上了一頂帽子，抄了家、入了

戴笠（1857-1946）

獄。後來由蔣伯誠以「委員長駐滬代表公署」的公文給法院，證明金雄白於抗戰期間曾保釋蔣伯誠與萬墨林，負責三青團與國民黨在上海的工作經費，也救了很多重慶分子。帽子是減小了，也渡過了九百十二天的牢獄生涯。

台灣資深作家楊有釗編撰的《龔德柏先生評傳》一書第二八七、二八八頁中提及：「戰前戰後，全國財經大權久為豪門大戶所把持，彼等親黨相連，套滙操縱，假公濟私，明取暗偷，據國庫資產為己有，以致民用匱乏，百物私漲，通貨膨脹，金融破產，經濟崩潰，饑民四溢，學生罷課，工人罷工，商人罷市，軍人叛變，請願遊行，遍及全國，社會混亂，民情洶洶，政府人事迭相更換，卒無效果，情勢發展，益致不可收拾。」

楊著第二八八頁中又述及：「各地軍事衝突，因其關係政權之轉移，前方軍事，初則國軍頗佔優勢，多有進展，繼則互有得失，最後終因政局不穩，外援斷絕，財經潰竭，國軍逐漸失利，逐致東北失陷，北平主和，西北淪

傳奇性濃厚的金雄白，當過記者、律師、辦過報、開過銀行。四十年代在淪陷區負責上海三青團與國民黨工作經費，救出抗日分子，包括蔣介石駐滬代表蔣伯誠等三百餘人，勝利後，因與周佛海關係密切而坐牢三年。

棄，華中撤退，東南易手，西南潰散……上述諸情，為抗日勝利之後，國民政府所遭遇之各種情況及社會所發生之各種現象。最初隱而不顯，繼由暗而明，由顯而著，由著而洶濤駭浪，非復戰前同舟共濟的祥和之氣，卒致後來一敗塗地，神州變色……」

當時執掌軍政的陳辭修力主裁軍，以少許法幣裁遣抗日八年的國軍、敵後游擊部隊、東北偽滿軍數十萬人。被裁官兵紛紛投靠共軍，成為國軍的勁敵，僅四年工夫，共軍席捲整個中國大陸。

我在劇校編導組接受了兩年戲劇教育，涉覽希臘悲劇的浩瀚無垠，警悟到二十世紀初葉，電影藝術濫觴，產生了偉大的格雷菲斯⑫、愛森斯坦⑬與普多夫金⑭，他們將「複製戲劇」的電影，因創用蒙太奇（Montage）⑮而躋身藝術之林。在排演課上，我參與了

⑫格雷菲斯（D.W.Griffith, 1875-1948）出生劇場，廿三歲踏進電影界就開拍他的處女作《杜莉的冒險》，把電影從劇場中分離出來，有「美國電影之父」之稱。

⑬愛森斯坦（Sergei Eisenstein, 1898-1948）早期最負盛名的電影導演之一，俄國造船工業家之子。早年學的是建築工程，俄國革命後對電影發生興趣，一九二四年拍攝「大罷工」，運用交互剪接而突顯高潮，聲名大噪。

⑭普多夫金（Pudovkin, 1893-1953）最早的蘇俄著名導演之一，普氏的電影理論，最大的特徵是說理清楚，扼要而言簡意賅。

⑮蒙太奇（Montage）是一種電影鏡頭的組合方法。廣義的說，是一種剪接技巧表現，但狹意的說，則是一種高度藝術性的剪接手段，不同於普通的剪接。

好幾個獨幕劇的排練，公演於學校小劇場，很獲好評。

學聯會發動了多次「反飢餓」、「反內戰」運動，也邀我參加，我只好「欣然參加」了好幾次。兩年中，我沒有發現可疑的左傾分子，我發現的是人民普遍對當局的不滿，可以說，怨尤之聲充滿朝野。

我把我的看法向潘組長報告，潘組長無奈地聳聳肩，讓我坐在他旁邊的椅子。

潘：（憂心忡忡地）唉，目前的社會現象，對共產黨是絕對有利的，何況，他們很擅長宣傳，利用輿論，利用戲劇來達到赤化中國的目的。

我：（不服氣）我們三青團難道沒有辦法來對付他們？

潘：（無奈地）只有盡量去做吧，發現有左傾分子就往上報。

我：可是，左傾分子不一定是共產黨呀。

潘：至少他是傾向共產黨呀，他可能有一天會成為共產黨。

左：美國電影之父格雷菲斯（David Wark Griffith, 1875-1948）

右：俄國早期優秀導演，研究電影montage，與Eisenstein齊名的普多夫金（Vsevolod I. Pudovkin, 1893-1953）

我：（語塞）

唸了劇校以後，我對戲劇工作更有興趣了，課餘參加了一個民間的新生業餘劇團。團裡正在籌排一個新戲《野玫瑰》，導演在分配角色時，將我安排飾演一個很吃重的正面小生角色——劉雲樵，要死背好幾百句台詞不說，正面人物的兩隻手，不能隨便亂動，始終成垂直狀態，這種表演方式，讓我吃足苦頭。在學校裡，我經常演反面角色，尤其是小反派，誇張的指手畫腳的表演，很討好觀眾，很過癮。

戲裡有一個老頭角色——王安，戲也很重，本來由一位叫陳厚的飾演，他的體型與年齡跟我差不多，排戲時他的一口上海腔調的國語，加上聲音與姿態動作表情，無法符合導演的要求，所以換另一位團員來排演，而陳厚在辣斐戲院公演時負責小道具的管理工作。想不到在若干年後，他居然在香港走紅，成為邵氏公司的喜劇小生，一顆熠熠紅星。

每星期天三青團的受訓一直沒有間斷。第一階段的無線電收發報已經結束，我的成績合格。第二階段是送我們去郊外的一座軍用靶場打靶，教官是軍統局派來的一位軍官，打靶使用小左輪和點四五手鎗，我的射擊命中率居然很高。第三階段是在團部上政治課，安排的課程如「三民主義」、「領導統御」、「破案實例」等。

一九四八年四月中旬，國民大會選舉總統、副總統，蔣中正先生順利當選總統，不過，副總統有孫科、李宗仁、程潛三人競選，候選人各覓支持者，人民也各有所屬。四月十九日，「救國日報」負責人號稱「龔大炮」的龔德柏在他報上撰文一篇，題為：「反對孫科當副總統」，敘述孫氏過去持政失措，貽誤國事。且任性使氣，易於憤事，稍不順其心意，則必貽禍國家，殃及生民，喻之為後主劉禪，諷之為「阿斗」⑯。親孫人士以張發奎為首，率領粵籍國大代表一百餘人，乘坐國民大會交通車，浩浩蕩蕩，開到太平路「救國日報」，不問青紅皂白，翻桌倒椅，逢人便打，將報社全部器材一概搗毀，揚長而去。事後全國輿論紛紛，孫系人士自知理屈，請梁寒操等為代表出面調解，孫氏致送若干金額，以賠償損失，表示歉意。副總統選舉結果，李宗仁當選。

國民大會於一九四八年五月一日閉幕，行憲立法院於同月八日開幕，首任總統副總統於二十日宣誓就職。當國大開會期間，物價頗為平靜，因巨商巨戶恐國代們在開會期間起鬨，有犯眾怒和危險，所以潛伏不發，未敢蠢動。當大會閉幕之後，物價立即上漲。當時京滬報載：「五月的漲風像海洋上的颱風般的飛揚跋扈，給予行憲政府一個極大的諷刺。我國物價的飛漲，全是人為，全係憑著豪門奸商的操縱，豪門資本，純由勾結奸商，利用職權損害國庫而來。」⑰

一九四八年八月，王雲五出任財政部長，力持改革幣制，以金圓券代替法幣。全國

---

⑯ 見楊有釗編撰《龔德柏先生評傳》，三八二頁，一九八四年六月，世界和平雜誌社出版。
⑰ 同註⑯，三八六頁。

成立三個經濟管制督導區，上海處金融中心，地位重要，中央派俞鴻鈞為上海區經濟管制督導員，並派蔣經國協助督導，俞鴻鈞因身任中央銀行總裁，業務繁重，難以兼顧，由蔣經國全權處理。蔣氏時在壯年，精力充沛，膽氣十足，領導一批青年幹部，巡視市場，限制民生日用品價格，凡抬高市價，囤積居奇者，一經查獲，迅即嚴辦，鐵面無私，雷厲風行。若干平日為惡之輩，經其制裁，行即懾服，一時物價穩定，成效卓著，軍民稱快，人稱「打鬼」⑱。當地聞人黃金榮、杜月笙等皆舊社會青洪兩幫首領，久居滬濱，勢結朝野、政府所任上海官吏，多其生徒。總之，奸商巨室雲集，各有背景，根深蒂固，非復一日，欲澈底拔除，殊非易事。

蔣經國在上海大力執行經濟管制，初則極其順利，當問題發展至某一階段，阻力亦日增，所謂「道高一尺，魔高一丈」。九月初，當行動小組將囤積巨戶子弟如杜月笙之子杜維屏、婿榮鴻元，其他如詹沛霖、孔令侃等十餘人分別逮捕，交付審訊。林王公司總經理王春哲且宣判死刑，刻日槍斃。巨室大慌，彼等即運用其影響力，對蔣氏予以包圍，或由議會反對，或用言論攻擊，或暗使若干執法機構抱不合作態度，使經濟管制形成最大障礙⑲。正當蔣氏於上海經濟管制雷厲風行，人民紛紛以黃金美鈔兌換金圓券，對蔣氏信任

⑱ 同註⑯，三九一到三九二頁。
⑲ 同註⑯，三九二頁。

有加。然政府之中高級首長，抵擋不住邪惡勢力的攻擊與包圍，多方掣肘。上海市長吳國楨，亦徑往南京向行政院提出辭職，以示不與蔣氏合作。尤有甚者，行政院長翁文灝，忽於此時再改幣制，發行銀圓券，金圓券於是一蹶不振，頓使蔣氏管制政策中途受挫。蔣氏他調，致功敗垂成，然其「打鬼精神」卻已膾炙人口⑳。

一九四九年初，共軍集中兵力猛攻平津，政府中有醞釀邀請英、美、法、蘇四國調處之議，救國日報龔德柏認為此乃多餘之事，共方絕無誠意，且政府之弊不能除。時任台灣大學法學院長薩孟武亦在京對和談發表談話：「國人雖莫不祈求和平，然一局和棋之先決條件，必為雙方之形勢相等。現雙方在主觀上均認為自己實力比對方強，實為和平之障礙……雙方估計實力均僅計算兵馬，而不計算決定戰爭勝負因素的民心。目下民心對政府是怨，對共黨是怕，政府如決心要走出目前的逆境，只有消除民心的怨恨，才是上策㉑。」

元月二十一日，蔣總統宣佈暫行下野，由李宗仁副總統代行職權。下午四時，蔣氏乘美齡號專機飛往杭州。

當國家面臨如此重大的變化之際，上海——這個貧富懸殊得特別明顯的大都市，有很多人仍過著燈燭輝煌，金迷紙醉，終日笙歌的奢靡生活。

---

⑳ 同註⑯，三九三到三九四頁。

㉑ 同註⑯，三九九頁。

母親與哥陪我在劇校參加了畢業典禮，又觀賞了一個我編導的畢業製作「火花」獨幕劇。終場後，母親要回醫院上班，哥要到三青團，我在後台幫同學們卸裝。一位教我們「西洋戲劇史」的洪老師進到後台，對我示意，叫我出去一下。我跟隨他到走廊上，他輕聲地問我：「畢業後有什麼打算？」

「還沒有。」我說。

「上海解放以後，你不必走，工作機會很多，我會替你安排。」

「謝謝老師。」我有點緊張。

「我們隨時保持連繫。」洪老師說完後就匆忙地走了。

這代表了什麼？難道洪老師是左傾分子？還是共產黨？這個謎團在回家途中一直盤旋在我腦際解不開。該不該向潘組長報告？還是先跟哥商議一下？不！都不能，我如果這樣做，洪老師一定被抓，一條寶貴的生命呀，他如果是冤枉的，我的良心會責備一輩子！還是慎重考慮，以後再作決定吧。

飢腸轆轆，已經餓過頭了。在廚房裡下了一碗我的拿手麵——醬油豬油拌麵，吃了一半，電話鈴響。

「喂！」我嘴裡塞滿了麵，差點噴出來。

「孝齡同志，下午三點，你到分團部來談件事。」是潘組長的聲音。

「是！」我趕緊把嘴裡的麵吞下去：「我準時到。」

潘組長安排我去一所小學附設的「成人識字班」，教一些失學的青年，這倒是政府的一項德政。上課時間是晚上，有鐘點費可領。我的課是每週一、三，授課教科書是小學一年級的國語課本。

當潘組長遞給我一本國語課本時，一位漂亮的女同志出現在他面前。

潘組長：（笑迎）徐同志，妳來了，我來介紹這位（指我）是王同志。

徐萍：（端視我，突然有新發現）你是——王小弟！

我：（記起來了）徐萍姐！

潘組長：你們認識？

徐萍：你現在在哪個學校？

我：劇校已經畢業。（想到百樂門舞廳，尷尬地）妳——現在——？

潘組長：讓我介紹，她是聖芳濟中學的國文老師。你要向她請教一些教學上的方法。

徐萍：（問潘）他也去教識字班？

潘組長：是呀，他是每週一、三，妳是二、四。

我：徐萍姐，教書我一點經驗也沒有，希望妳多指導我。

徐萍：這種特殊教育，我也沒有經驗。識字班的學生，都是成年人，都是文盲，所以給他們上課必須費點心思。

15

識字班是附設在徐家匯的崇實小學內，當我第一次去上課時，剛踏進教室的瞬間，全班一片嘩然。我慢慢走上講台向全班掃視，發現每個人年紀都比我大很多，他（她）們用訝異的眼神在看我。我有點緊張，但仍屏住氣，轉身，拿起粉筆，在黑板上端正地以楷書寫出「來」、「去」兩個字，然後我臉呈微笑地，開始生平第一次的講課：「各位女士、各位先生，我很榮幸在這裡跟各位認識，一起來研究國語這門功課。國語課本第一冊的第一課，主要是介紹這兩個字：來——去——。」

第一堂課中，我也請他（她）們自我介紹。全班四十多人中，大多是在附近的工廠當工人，幾乎都不識字的文盲，但都有興趣來學習。

新生劇團的金導演突然有一晚打電話給我，說要重排《野玫瑰》，準備還在辣斐戲院賣票公演。所以我每週一、三晚上去徐家匯教識字班外，其餘的時間都在排戲。我仍飾演男主角劉雲樵，再重記兩三百句台詞不算苦，跟我演對手戲的那朵「玫瑰」卻換了一位漂亮的新人，排戲時老忘詞不說，還自己亂編台詞，我無法接戲，讓我吃足了苦頭。導演看情況不妙，馬上以高薪請了一位職業劇團的女台柱來遞補。職業演員舞台經驗豐富，粗排了四個晚上，她可持劇本看台詞，第五個晚上，開始細排已經丟本，戲也出來了。公演的那天早晨在戲院彩排，她簡直演活了那個女間諜。跟她一起演戲，我也被感染到，拋棄了第一自我，整個融入在創造的第二自我的劇中人物生活中。

正式公演後的第三天，報紙上的劇評，對她大為讚賞，說我也比上次公演時更為入戲。

「野」劇在辣斐戲院演了十五天，每天都有八九成座。在最後一場演完後，我們正忙於卸裝，換服裝時，一位高大的中年人跑進了後台找我，原來是教我們射擊的那位軍統局軍官，他等我卸完裝，兩人就在戲院附近的一家咖啡館吃宵夜。

我們在兩小時的談話中，我才知道教官姓毛，官拜少將，出身黃埔六期，與戴笠同期，一直是戴的部下。毛老師告訴我，因為我射擊成績優異，所以特別注意我。他到三青團打聽我，把我的資料調出來看，發現我在一九四三年勝利前兩年，被我哥哥吸收，利用課餘之暇，從事交通工作，成績優良。抗戰勝利後，又替三青團做了些事，潘組長在考核我的成績上是高分的。於是，毛老師的談話切入了主題：「我想介紹你到一個軍事單位去上班，不知道你願不願意？」

「謝謝老師，我想知道是什麼單位？」

「聯勤總部正在籌備成立一個五〇四汽車廠，籌備處就在上海，而未來的汽車廠是設在台灣的台南市。」

「要去台灣上班？」我很好奇：「不過，我能幹什麼？」

「那邊的經理室現在還有缺，你嘛，可以補一個中尉科員。明天我帶你去看看。」

聯勤五〇四汽車廠的籌備處設在海寧路一幢大樓的一二樓，當我們進入樓下大門，只見大廳內臨時置放許多辦公桌椅，那些辦公的軍官們正忙著新進人員的報到，填寫資料。毛老師帶著我逕自走上二樓的一間辦公室，一位穿著少將軍服的軍官立刻笑臉迎人：「學長光臨，請坐、請坐。」

毛老師開門見山的說：「我是為國舉才，推薦一些大專的優秀學生到軍中來。」轉身對我說：「這位是五〇四汽車廠的廠長楊運將軍。」

楊廠長馬上叫傳令兵把經理室的主任找來。

那位我未來的老闆是傅松鎮上校，立刻把我領到樓下報到的地方，替我領了一份表格，要我坐下填寫。辦完報到手續後，傅主任帶我到他辦公室，那間小小的辦公室有五六位軍官在辦公，傅主任一一為我介紹，其中一位李克仁中校，是我未來的頂頭上司，簿記股長。

我被分配在簿記股，我不懂簿記是什麼，李股長微笑地向我解釋，股內主要的工作是製作傳票和記帳。傳票的製作是根據單位主管批准核銷的單據，再經由股長、主任、副廠長、廠長在傳票上蓋章才能生效。而記帳工作是根據傳票上的內容，登記在帳簿上。李股長表示，只要把會計裡的借貸觀念搞通就行了。他把抽屜裡的一本「簿記」拿出來遞給我：「抽空把這本書看看，對你馬上要做的工作會有幫助。」

我的工作應該算是敲定了，我必須向母親與哥哥報告我最近忙碌的結果。主要的，要稟告他們我未來的工作是在遙遠的台灣，一個陌生的、日本統治五十年的殖民地，由於二戰結束而歸還中國的一個島嶼。

這個島嶼上的人與事，也由於我的性格，我一生的命運，決定了我雲譎波詭的一生。

我每天到五〇四廠籌備處上班，經理室裡的那幾位都是校官，除李克仁中校是簿記股長外，還有出納股長徐宗映中校，糧秣股長楊仁甫中校，總務股長張方舒中校，還有一位吳繼堯少校是主任的秘書。有一天，糧秣股長楊仁甫中校在庫房裡取出了兩套羅斯福呢軍常服給我試穿，剛好合適。他告訴我，這是美軍軍官穿的制服，上峯分配撥下了一千多套，按照廠內軍官編制，每人可以領兩套。奇怪的是軍官的大盤帽上峯沒有撥發，要自己到外面的軍用服裝公司去購買。

幾天以後，我在軍用服裝公司買了一頂大盤帽，兩件淺黃色的襯衫，一條黑領帶以及一套陸軍中尉的肩章，我換下了長袍，從此穿上軍裝，顯得更為容光煥發。

有一個週末，從母親醫院辭別出來，到三青團找潘組長。他告訴我，南京的美軍顧問團需要一位連絡組長，向國防部要人，國防部就要軍統局推薦人，軍統局在三青團內物色人才，選上了我哥，這幾天就要去南京上班。潘組長問我知不知道這回事？哥又好幾天沒回家睡，我怎麼會知道？

五〇四汽車廠在台灣的建廠已近尾聲，我們在上海的籌備處正在報考一批技術士官和學兵，甄選完成後馬上要結束籌備，預定一個月以後搭船到台灣報到。

哥已經到南京美軍顧問團上班，我也即將到台灣，母親在公濟醫院有宿舍，我們在鳳寶家借住的「家」已經沒有存在的必要了。有一天，我把我的想法告訴了鳳寶姐。鳳寶姐說，你們在這裡的「家」仍舊可以放在這裡，反正我的房子夠住，你們不必搬家。鳳寶姐在廚房裡炒了一些我喜歡吃的菜，留我在她那裡吃飯，還給我倒了一杯白蘭地，祝賀我「新官上任」，希望我娶一位台灣太太回來。

母親為我準備了一隻大皮箱，是一隻用木板釘成的箱子，外表用一層白羊皮包著，很稀少的一隻箱子。裡面放置了我常常換洗的內衣褲、襪子、一套薄薄的夏季白色馬高布㉒西裝，冬季厚重的西裝，大衣、長袍都留在「家」裡，母親的意思，你去台灣當軍人，穿便服的機會應該不多了。

㉒三、四十年代，英國製造的夏季布料，用細麻織成。

PART 2

1949-1981

戲劇改革的築夢者

16

一九四九年初，國共內戰方興未艾，戰雲密佈全國，讓多少家庭、多少親情因此蒙受摧殘。

三月一日上午，我在母親含淚諄諄教誨下，黯然欲絕的揮別上海，踏上中興輪，駛向陌生的台灣。

三天兩夜的航行，中興輪在基隆港靠岸時是凌晨五點左右，五〇四汽車廠的副官蔣世德上尉已在碼頭等候，熱心地幫我們辦入台手續，並指揮幾名士兵將我們的大批行李搬上停靠在碼頭的軍用大卡車。我們一批包括經理室、化驗室、技術室的軍官及眷屬約三十多人，在蔣副官安排下，帶我們到火車站，搭早晨第一班火車，到台南時已是深夜，那輛運送行李的大卡車早已到了。蔣副官又忙著分配宿舍，有眷屬的可以配到日式平房一戶，我們單身宿舍是一排馬廄改建的，每間住四個人，與我同房的是技術室的張贊興、安世陸與凌喬琪。很巧合的是，他們不但將在

我的母親許素珍女士，攝於1949年上海公濟醫院

同一技術室擔任繪畫員，也是上海同濟大學的同班同學。

第二天一早，李克仁股長跑到我的宿舍，把我從睡夢中叫醒，帶我到經理室的辦公室瞭解環境，原來與廠長辦公室鄰接，合用一幢日式平房。

經理室除四個股長外，我是在簿記股，其他三個股只有股長一人，後來調進了三個士官，韓中生派糧秣股管倉庫，王克平分配在總務股，尚永年擔任傳令兵，另外又聘雇了一位商業學校畢業的小姐李康齡，跟我在一起擔任製票與記帳。因為她是學會計的，所以我在工作上遭遇困難時就請教她，不好意思再打擾李股長了。

台灣，這個多元歷史、多文化的融合，被不斷移植海洋文化性格的島嶼，一五五八年起，遭葡萄牙、西班牙、荷蘭等歐洲海權國家先後侵入。一六二四年，荷蘭領台三十八年中，將語言、文化、醫療等輸入，並引進了台灣沒有的黃牛、花生、稻作，大量墾植。在荷人招募下，數萬漢人渡海來台從事開墾，並致力於原住民教育，傳教士以羅馬拼音翻譯聖經。一六六二年，鄭成功自荷蘭人手中接管了台灣。鄭氏三代，在台二十三年，建孔廟、辦科舉，尊儒釋。一六八三年，清康熙二十二年，滿清征服明鄭，台灣被納入中華帝國。一八九五年，馬關條約把台灣割讓給日本。在日本五十年統治下，台胞生活價值掃地，民生凋蔽。一九四九年初，我所親眼目睹的台南市，街頭巷尾多是光腳丫子拖著木屐的行人，仍有許多樓房被美軍飛機轟炸過的痕跡。

台灣在一九四七年初，曾發生過不幸的「二二八事件」，起因是二月二十七日那天，專賣局官員在台北查緝私菸，和小販林江邁發生爭執，在路人圍觀下，查緝員誤殺市民陳文溪，引發群眾抗議。二十八日早上，台北出現罷工、罷課和休市。下午，群眾前往行政長官公署，遭到士兵開槍阻擋，三人死亡，多人受傷，事件於是更為擴大。群眾占領了台灣廣播電台，號召全台灣人民起來反抗政府。三月一日起，全島各大市鎮皆發生騷動，民眾攻擊官署、警察局，也遷怒大陸籍人士而加以毆打殘殺。根據唐賢龍的《台灣事變內幕記》九一至九五頁內詳細描述了本省流氓、浪人如何狠毒手法殘殺外省籍男子，姦汙大陸婦女後以日本武士刀刺殺，連孕婦也不例外，其慘絕人寰的畫面，不勝枚舉。而政府官員和軍警，棄職逃躲，形同無政府狀態①。

台中市的市民大會，在台灣共產黨領袖謝雪紅領導下，確立了武裝抗爭的路線，成立「作戰本部」，後因處理委員會中許多人不認同武裝抗爭，謝雪紅遂與青年學生為主的「二七部隊」合作。在中央鎮壓事變的軍隊來到台灣後，「二七部隊」退入埔里，曾和國軍發生激戰②。

---

①參見洪麗等編著，高明士主編的《台灣史》，二五七至二五八頁。五南圖書公司出版，二〇〇六年四月初版一刷，二〇〇九年一月初版七刷。

②同註①，二五八頁。

行政長官公署陳儀在事件發生後，表面上答應和民眾協商，另一方面早已向中央求援。情治人員誇大共產黨在事件中的角色，使中央政府認為這是一場共產黨唆使的叛亂，蔣中正於三月五日決定派兵鎮壓。整編二十一師於三月八日在基隆登陸，開始大肆掃蕩，進行報復性屠殺，九日至十三日間的「綏靖」，無辜民眾傷亡慘重，鎮壓過程中受害最重的是基隆、台北、嘉義和高雄等地。

三月十日，行政長官公署宣布戒嚴，並宣布「二二八事件處理委員會」、「台灣省政治建設協會」為非法團體，許多處理委員會的成員，報社主管、社會名流，被列名叛亂首犯，紛紛遭到逮捕，未經審判逕行殺害。如嘉義市參議員陳澄波等擔任和平使到飛機場和軍隊談判，卻被逮捕，並於嘉義火車站前公開槍決，台大文學院代理院長林茂生被情治人員帶走，一去不回③。

基隆市參議會於三月一日下午召集參議員及民眾代表，舉行緊急臨時大會，由副議長楊元丁④主持，事件期間，楊元丁成為基隆地區的意見領袖，噩運也接踵而來。據楊氏的

③同註①，二五九頁。

④楊元丁（一八九八至一九四七），台灣資深歌星藍茜（原名楊淑婉）之父，也是目前走紅兩岸影視界的伊能靜之外公，曾經獻身日據時期的抗日政治運動，並參加祖國對日抗戰的楊元丁，在台灣光復後，竟死於祖國的槍下，楊氏桃園八塊厝人，公學校畢業後，在基隆就僱於媒商大祥行，媒商主人看他勤勉上進，極富膽略，將女兒許配給他。因業務關係，與勞工接觸頻繁，種下濃厚的社會意識，遂

舊日同志（台灣民眾黨員）陳清釗的口述：「『二二八事件』中，基隆鬧米荒，從台北方面調來一輛載米的貨車，行經八堵時，被軍警攔截，說沒有通行證不能通行，遂找來副議長楊元丁出面交涉，被警憲拘捕，未經審判即行槍決。」楊氏因身材壯碩魁悟，打了六槍才死，屍體被棄入基隆海邊⑤。

「二二八事件」的鎮壓，許多民眾對國民黨政府的不滿，讓共產主義者得以藉機工作，許多青年思想左傾，而在「白色恐怖」⑥時代中遭難。

加入蔣渭水的「台灣民眾黨」，參與政治活動，抨擊日政當局，被日人指為左傾，先後遭日本當局下獄六次。一九三七年「七七事變」爆發，楊氏攜眷全家赴上海，輾轉進入華中，參加抗日工作。終戰後，楊氏攜眷返台，仍住基隆，他加入蔣渭水的「台灣民眾協會」，並於一九四六年參加基隆市參議員選舉，當選為基隆市參議員，並被推為副議長。（參見李筱峯著《二二八消失的台灣菁英》，一六六至一六八頁。）

⑤參見李筱峯著《二二八消失的台灣菁英》，一六九頁，自立晚報文化出版部，民國七十九年二月一版一刷，民國八十年元月一版五刷。

⑥同註①，二六五頁：「『白色恐怖』一詞，一般認為源自法國大革命，是指保守反動勢力對付革命分子所採用的種種恐佈手段。到了二十世紀，『白色恐怖』轉變成保守右派的政權針對反抗現有體制的個人或團體，利用情治單位所進行的暴力行為。」五南圖書公司出版，二〇〇六年四月初版一刷，二〇〇九年一月初版七刷。

17

來台灣才兩三個月，作夢也沒想到大陸幾乎全面陷共。當中共揚言要血洗台灣之際，台灣於五月二十日宣布實施戒嚴法，厲行「保密防諜」，在維護國家安全的理由下，政府用各種方式來防堵共產黨的滲透。因此，各情治特務系統的成立，保防細胞遍佈部隊、機關、學校、社會各階層。

在國民政府的反共為理由進行的白色恐怖政治下，許多人成為冤、錯、假案的犧牲者。據估計，民國三十八年至五十九年間，牽涉政治案件者，約有二千人被處決，八千人被判重刑而長期被監禁，其中只有不到九百人真正具有共產黨地下黨員身分。更詳盡的統計指出，整個戒嚴時期，共出現近三萬件政治獄，十四萬人牽涉在內，三千至四千人被處決。造成如此多冤獄的原因，很可能是因為當權者在失去中國大陸之後，認為必須採取寧可誤殺一萬也

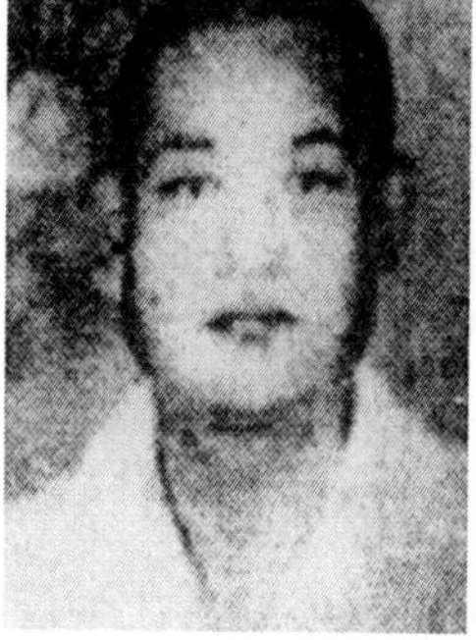

日治時期抗日分子楊元丁沒死於異族的魔掌，卻死在「祖國的懷抱」。

不漏過一個的原則，才能有效防堵共產黨的滲透⑦。

一九四九年七月初，一批山東省八所流亡學校的學生約五千人流亡到廣州，時任教育部長的杭立武信誓旦旦地表示，欲安排他們到台灣就學，由一位叫韓鳳儀的陸軍少將帶領，搭乘海軍濟和號登陸艇，到了澎湖的漁翁島先安頓下來。當時的澎湖防衛司令官是行伍出身的李振清，一位大字不認識幾個，打起仗來卻勇猛無比，喜歡脫光上衣，赤膊的身先士卒，衝鋒陷陣。對於這一批五千個學生，本來要送到台灣去就學的，他老兄卻只將年幼的，女生與流亡學校的老師安置在澎湖子弟學校，其餘的通通編到部隊裡當兵。有些學生抗議、反對，半夜就失蹤，據說都裝進麻袋，丟到大海裡。有兩位校長（張敏之、周健）因強烈反對，遭以「匪諜」罪名槍決，這可能是所謂「白色恐怖」的濫觴吧。

同年八月，美國對擁有優良裝備的國軍，會被共軍打敗，深感不滿，因此發表了不再支持國民黨的「中美關係白皮書」。十月一日，毛澤東在北京人民廣場，以高昂的聲音宣布「中華人民共和國成立了！」此時毛澤東又向蘇聯要求海空軍援助，準備一舉拿下台灣。可是在一九五〇年的六月，突然爆發韓戰，蘇聯的史達林施壓毛澤東出兵朝鮮打韓戰，眼見共產勢力擴及東南亞，美國基於戰略考量，派遣第七艦隊巡防台灣海峽，台灣終

⑦同註①，二六六頁。

於化險為夷，國民政府得以在台灣長期統治，不客氣說，是韓戰救了台灣。

18

我被分配住的單身宿舍實在太擁擠，所以我選擇搬進了離廠區不遠的一幢被炸毀的兩層樓房的樓下。一間比較寬廣的宿舍，裡面住的只有三位工廠的工程師。隔壁有一小間，住的是化驗室主任王世斌中校。他說話一口京片子，出身北平輔仁大學化工系，跟我很談得來。那時，他還借調來一個勤務兵給他煮飯、洗衣、打雜，我也沾了光，替我做了不少事。

台南在十七世紀的二十年代，遭荷人侵入，在今台南安平（當時為突出海中的沙洲）登陸，建立了一座叫Zeelandia的城堡，也即「熱蘭遮城」。次年，一六二五年，又在台南赤崁地方建一較小城堡叫Provintia（普羅文遮城）就是現在「赤崁樓」的前身⑧。

台南市街道狹小，有一條比較寬的中正路，是我們幾個單身漢包括張贊興、余聰點等每晚溜達的馬路。有一家後來聞名全省的「度小月擔仔麵」，是我們每晚一定光顧的小店。店內的桌椅特別矮小，陳設頗有日本味。小小的一碗麵，加上一顆滷蛋，二三口就吞下了肚，至少連吃兩三碗才過癮。

⑧ 同註①，六十四頁。

台南有一家專映西片的南都戲院，是我常去觀賞的地方。印象中，美國的踢踏舞王弗雷亞斯坦的歌舞片，我可以連看三場不倦。後來又出了一個新的踢踏舞王金凱利，舞技不如弗雷亞斯坦，不過演技卻比弗雷亞斯坦略勝一籌。那位老兄跟我有點緣，在若干年後，我在美國進修期間，在好萊塢實習時，經友人介紹認識他，還教我幾套踢踏舞的花步呢。

毛老師有一天開了一部漂亮的林肯車來找楊廠長，也順便跟我談話。他交代我，要注意經理室楊仁甫股長的言行，隨時向台南一位梁中校報告，他把梁中校的連絡方式告訴了我。

由於毛老師的關係，我認識了台南工學院的教授林如雲，後來經由林教授的介紹，認識了他的學生盧瑞貞，那時盧在台南市政府土木課擔任技士。因為年紀相仿，很談得來，所以我經常在他家作客。

來台灣第一個舊曆新年即將來到，晚上睡覺時特別想家。想到慈祥的母親一個人在上海，現在不知怎樣了？想到我敬畏的父親，在他事業呈顛峯狀態時，因受當時棉紗管制影響，一夕之間變成赤貧，在病榻上喘著氣對哥的告誡。想到一個溫暖的家，現在是人各東西，本來在南京美軍顧問團上班的哥，現在不知跑到哪裡？共產黨會對他怎樣？想到我現在是舉目無親，不禁悲從中來，把頭鑽到被窩裡痛哭一場。

除夕夜，我們單身軍官的伙食團有加菜，正準備出發大快朵頤，李股長突然跑來找我與王世斌，他請我們到他家吃年夜飯。

李股長家有三個小孩，一男二女，都在念小學，全家五口，住在一間不到二十坪的日式榻榻米小屋內，顯得有點擁擠。

李太太做的一手好菜，是我們上海道地家鄉菜，很合我胃口。

李股長：（客套話）如果不嫌棄，歡迎你們常來這裡便飯。

李太太：（也是客氣話）你們沒有成家的單身漢，就把這裡當成你們的家，不要客氣。

王主任：（認真地）那麼，乾脆在你們家包伙，我們幾個單身漢天天到這兒來打牙祭。

李股長：（迷惑地）你們幾個單身漢？到底有幾個？

王主任：（算一算）大概八九十來個吧。

李股長：（不禁大笑）哈——

李太太：（不禁大笑）哈——

王主任：（失聲大笑）哈——

我：（跟著一起大笑）哈——

第二天是舊曆新年，我必須先要向毛老師拜年，他家遠在台北，我特別跑到辦公室打電話給他致意。又走到廠區的單身宿舍，向老大哥們拜年，然後順道進入眷區，依序在李克仁、徐宗映兩位股長，傅主任、吳秘書家拜年。

盧瑞貞家有一位年老的母親，應該去跟她老人家拜個年吧。當我走進那間狹窄的日式平房時，已有客人坐在擁擠的小客廳裡聊天。他母親看見我進來，馬上笑容滿面的拉著我的手，嘴裡說著閩南話夾帶日語的吉祥話。當我向她跪下磕頭時，立刻引起哄堂大笑，這讓我尷尬萬分。原來向長輩磕頭拜年的中國古禮，在台灣行不通。

19

毛老師要我注意楊仁甫的言行。在與他幾個月的相處中，我對他的印象是，一個非常內向的人，不善言詞，工作認真，做事小心謹慎，四十多歲的單身漢，出身武漢大學經濟系，後來又轉唸經理學校而當了軍人。他沒有住單身宿舍，就在他經管的糧秣倉庫裡安置了一張單人竹床，一張書桌，一個放置衣物的木櫃。他把原來住在倉庫裡的韓中生，趕到單身士兵宿舍去住，只留下韓中生的辦公桌。楊仁甫每天下了班，在單身軍官伙食團吃過晚飯後，就一個人躲在他的倉庫裡看書，聽收音機。我有好幾次在晚飯後約他外出散散心、看場電影，都被他婉拒。我叫韓中生就近瞭解他平常在倉庫裡幹什麼？收聽收音機什麼頻道？什麼廣播節目？有些什麼異常的動作？而韓中生在幾個月的觀察，發現楊股長喜歡一個人閉目靜坐，也經常收聽平劇節目，早晨、中午與晚間的新聞一定準時收聽，有時還勤記筆記，表情嚴肅。

我與梁中校在連絡時，告訴了他有關楊仁甫的情況。梁中校透露我一些楊仁甫的背景。他有一個哥哥，是中共南京軍區裡某一部門的主管，「極可能」與楊仁甫有連繫，至於用何種方式連繫，正在查證中。梁中校問我楊仁甫平常有沒有發牢騷？或有對政府表示不滿的言論，我說沒有。他說如有對政府不滿的人，就構成上報「匪諜嫌疑」的條件。我反駁他說，發發牢騷是人之常情，真正的「匪諜」，一定偽裝得很忠貞，不可能發牢騷的。他說沒辦法，這是上級的「規定」，我看他是有點矯枉過正。如果這樣做的結果，會害死很多無辜的人，真是作孽！

我與盧瑞貞交往中，認識了幾個他的朋友，像服務市政府工商課的邱樵南、海關上班的陳蘊藻和沒有固定工作的黃江立。有一段時間，我安排黃江立在廠區內外的兩個單身軍官宿舍裡，包洗每人的髒衣服。他每天一早到宿舍的每間房間裡收取髒衣服，並將洗乾淨的衣服摺疊好，放在每人的床上，以賺取微薄的工資。他刻苦耐勞、做事認真盡職，頗獲大家的好感。

台灣流通的錢幣，是由舊台幣四萬元折換一元的新台幣。發行新台幣的準備金，是時任國民黨總裁的蔣介石的指示下，由大陸運來的大批黃金。

我是陸軍中尉，每月支領薪餉新台幣六十六元，好像有點不夠用。尤其那位「化學老王」（王世斌）不知從哪裡學會了交際舞，經常約我這個「會計小王」與王克平，到一家「海濱舞廳」跳舞，我們「三王」都沒有舞伴，只有跳舞女，所費不貲。

錢不夠用，怎麼辦？只有求助於徐股長。起先，是借支下個月份薪餉，到發餉時全數扣還。等到下個月薪餉扣光了，再跟徐股長商議，一次借支一百元，一個整數，每月扣還二十元。這樣的入不敷出，寅支卯糧的惡性循環下去，我親筆寫的借支條，在徐股長的保險箱裡已經累積了一堆。

喔，我還有一支我哥送我的勃朗林，放在衣櫃裡一直沒有用。

把它割愛吧！

我攜帶了那支我喜愛的勃朗林，連同十幾顆子彈，在徐股長家客廳出現。

「你要把它賣掉？你捨得？」徐股長手裡把玩著那支掌心雷，愛不忍釋地抬頭問我。

「是的，股長有興趣收藏，就賣給你吧。」

「這種槍的行情，大概是一兩黃金。」

「一兩黃金，現在是多少錢？」

「大概說在兩百七、八十塊上下吧。」徐股長的眼珠翻了兩下。

「好了，就賣給你啦！」我站起來。

「對了，這支槍沒有執照？」徐股長忽然想起來。

「這支槍，是一個日本人在上海被遣送回日本之前，送給我哥哥兩支的其中一支，是全新的，還沒有開封，一直放在我的皮箱裡，所以沒有去申請執照。」我向徐股長說明了沒有槍照的原因，也不知道現役軍人擁有私槍，要如何處理。

「好啦，小王，這個我會去處理。」徐股長走向書桌，小心地將手槍包好，放進抽屜裡，並取出幾張紙幣，遞給我。

「這支槍，就算三百塊，一個整數。」徐股長說：「先給你兩百塊，那另外的一百塊，要在你那堆借支條裡，先扣掉一部分。」

「謝謝股長。」我欣然的接下錢，匆忙地向徐股長告別。

在海濱舞廳裡，「化學老王」正焦急地，不時看錶。他在等「會計小王」。

20

延平戲院正在公演話劇《野玫瑰》，是一個軍中劇隊演出的。

在「化學老王」的房間裡，與他吃了一頓勤務兵煮的晚餐，兩人步行二十分鐘，到了延平戲院，購票、入座。

七點正，第一聲鑼「噹——」的響起，全場觀眾席瞬間變得一片寂靜。第二聲鑼是熄燈鑼，音樂已經開始，全場的燈光漸漸暗轉，五秒鐘後，第三聲的開幕鑼響了，大幕很緩慢的升起，幕內表演區的燈光也隨之慢慢淡入，我馬上感到大幕升得太慢了。《野》劇我在上海學生時代就演過，是一齣鬥智的間諜劇，不是悲劇，所以開幕與閉幕不宜太慢。

一百分鐘的演出，演員的演技，大致還不錯，很賣力。

全劇終了，謝幕後，我跑進了後台，向他（她）們祝賀，也因此認識了隊長范士達與副隊長馬驥。

范士達，這位范大哥，在抗戰時參加戰幹四團，在軍中從事文宣，一生就愛喝酒，也與戲劇結了緣，如影隨形，在台灣戲劇界是「四大怪」之一，圈內人對他有意見，但我與他卻交往了幾十年。

馬驥（一九二四至一九九八），出身國立劇專，抗戰期間熱心抗日戲劇活動，一九四九年隨軍來台，先後在陸軍部隊任政工隊員、隊長，裝甲兵二總隊捷豹劇隊長，後調國防部康總⑨的演劇三隊任戲劇官，我與他在演劇三隊曾共事了四年。一九五八年自康總退休時，龍芳總隊長調任台灣電影製片廠廠長，聘他為導演兼演員。一九六三年，以話劇《旋風》獲第一屆金馬獎最佳男主角。同年，又以電影《白雲故鄉》獲第二屆金馬獎最佳男配

⑨「康總」為「康樂總隊」的簡稱，為勵志社出身的龍芳所創立，直屬國防部總政治部。總隊下設總務、人事、戲劇、音樂等科室，有十多個電影放映隊，三個康樂車隊及三個演劇隊，遍佈台灣北、中、南部。

角。台製廠由李翰祥導演的經典電影《西施》，他在戲裡飾演的「伍子胥」一角，演技已達爐火純青，至今難忘。

自從認識了這兩位大哥，一直保持著連繫。尤其是范士達，他經常到我辦公室向我要軍人去台北的快車票，我們經理室不發車票，我是向總務科的蔣副官要。

在五〇四汽車廠從事枯燥無味的會計工作已快一年，深深感到「學非所用」，不但是教育的浪費，個人來說，也是一種痛苦的折磨。

我決定要向毛老師報告我的感受。我想調到軍中的演劇隊。

就在這個時候，經理室的楊仁甫股長突然失蹤了，五天不見人影。傳主任會同政治室主任與檢察官到糧秣倉庫楊仁甫的住處，搜查木櫃裡的衣物、辦公室抽屜裡的文件，都沒有他失蹤的線索。我向梁中校報告了楊仁甫的失蹤。他告訴我，楊仁甫現在已在北京，還在人民廣播電台對台灣廣播，指明楊廠長是「反動派」。

馬驥（1924-1998）稱得上是「表演藝術家」。我在戲劇築夢期間，不斷地受到他的鼓勵。

這太可怕了！這位每天在辦公室見面，平常謹言慎行，工作認真，從來不發牢騷的人，竟是「匪諜」。

21

馬驥已調到裝甲兵旅的第二總隊，是他負責成立了「捷豹劇隊」。「豹」是二總隊的隊徽。

有一天，他打電話邀我去看他編導的反共話劇《野火》，演出地點在台南一中的大禮堂。

我去看了一場《野火》，劇本寫的不像一般的反共八股那麼沒有說服力。馬驥在全劇中注入了人文思想，把一般反共劇中歪戴帽子、嘴叼香煙、上衣風紀扣不扣好的「共匪」邪惡造型，賦予人性化。劇情結構，完全按照他在劇專所接受的正統編劇教育；開場、情節的上升（鬥爭的開始Attack）、高潮（鬥爭達到頂點，也即危機Crisis）、情節下降（鬥爭獲得解決Resolution）、收場。也就是亞里斯多德強調的情節三要素：開端、中間、結局。

《野火》主要描述一位解放軍的政委，有一天，回家探望他的父母，親眼目睹父母被「匪幹」慘遭鬥爭、殺害。悲憤之餘，警悟到共產主義的殘暴。

五〇四汽車廠的工作越幹越沒興趣，甚至感到很厭煩。聽說毛老師最近會南下，我要向他表達我強烈的調職冀望，也要向他辭去兼任的「線人」工作。

毛老師終於到了台南，這次他是開了一輛吉普車來的。

他將車直接開到楊廠長辦公室大門外，下車後逕自進了廠長辦公室。下班前三十分鐘，他叫廠長傳令通知我去廠長辦公室。

我進了廠長室，向兩位長官敬禮後，楊廠長示意我在毛老師旁邊坐下：

「小王，你老師來了，今天晚上我要在我家請他喝幾杯，你也一起來。」

「謝謝廠長。」我站在原地沒動。

「毛學長，你在這裡休息。」楊廠長看錶，站了起來：「下班還有半小時，我要去幾個工廠看看。」

等楊廠長離開後，我馬上走近毛老師身旁坐下。

「毛老師，我在這裡的工作，不想幹了，我想請老師把我調到演劇隊。」

「演劇隊？」毛老師的眼珠子轉動了幾下：「那你要下部隊，軍事機構可沒有什麼演劇隊。」

「台南勝利國小裡的裝甲兵第二總隊，毛老師熟不熟？」

「怎麼不熟？總隊長是郭東陽，也算是我學生。」毛老師問我：「怎麼？二總隊有演劇隊？」

「有一個捷豹劇隊，最近我還看過他們的公演。」

「不過，裝甲兵跟聯勤是兩個不同軍種，要跨軍種調職比較麻煩一點；但是，可以試試看。」

「謝謝老師！」面對這位殺人無數的特務頭子，我卻看到他充溢著仁慈、關愛的眼神，我很感動。

「裝甲兵旅的蔣緯國在台中，我回台北經過台中的時候去看他，當面拜託他。」

毛老師從茶几上拿起茶杯呷了一口，微笑地凝視我。

他感慨地：「你是學戲劇的，在戲劇方面有才華，朝這條路走是對的。你熱情、誠摯、感情豐富，也有同情心，是標準的藝術家個性，當然不適合幹我們這一行。」毛老師有感而發地侃侃而談：「不過，你在抗戰末期，在上海淪陷區冒險參加了三青團，從事抗日的交通工作，表現優異，這是基於年輕人愛國情愫的驅使。而現在，毛澤東要血洗台灣的緊急時刻，匪諜遍佈機關、學校、軍中各階層，我們能不及時的發掘、把他們揪出來嗎？」

「老師，上峯的政策沒錯；可是，基層執行的人往往會矯枉過正，執行偏差，這樣會害死很多無辜的人。」我向毛老師報告我的想法。

毛：（無奈地）基層的保防系統，可能會有執行過當的情形；但是，我們會過濾、判斷、再調查，我們不會迷迷糊糊的就結案。如果發現是冤枉的，一定還他清白。（又呷了一口茶）正因為我們太慎重，惟恐基層誇大了案情，冤枉了好人，所以有很多案子，認為沒有問題的，就馬上放棄；不過，去年的「台大四六事件」匪諜案，差一點破不了。

我：（不解）台大四六事件？

毛：去年初，台大的保防系統連續報來三次，說學校裡有非法活動，經過我們再三的研究調查，認為證據不夠，不予採信，決定放棄。後來由別的情報系統轉來，顯示台灣大學確有學生參加中國共產黨的「讀書會」，而在四月六號抓到一批活躍分子，送保安司令部審辦。

我：（很有興趣地）後來呢？

毛：保安司令部軍法會議庭的判決書裡，被告一共有四十五個，其中李水井、楊廷椅等十一人被判了死刑，罪名是「叛亂」，也就是所謂「匪諜」⑩。

有關早期中共在台灣的活動，根據前保密局的密件資料記載，一九四五年八月抗戰勝利後，派遣了原籍台灣彰化的蔡孝乾潛赴台灣，負責組織發展工作。參與過中共兩萬五千里長征的蔡孝乾，再度以終點——陝北延安當做起點，展開另一段「長征」。歷經了三個

---

⑩參見屠申虹著《鬪謠》，十二頁，禾馬文化公司，一九九五年十二月出版。

多月的長途跋涉，在同年十二月抵達江蘇淮安，向中共「華東局」書記張鼎丞，組織部長曾山報到，並借調原籍台灣嘉義的張志忠等幹部，一九四六年二月，一行人又來到上海，跟當地「華東局」的地下工作人員會合，並就地「學習」了一個月。同年四月，張志忠先遣搭船從基隆上岸，成為中共在台灣的第一批黨員。

三個月之後，蔡孝乾也乘船抵達台灣，正式成立「中國共產黨台灣省工作委員會」，並擔任首任書記，轄下有「台灣學生工委會」、「基隆市工委會」、「台灣省山峰地區工委會」等分支組織⑪。

關於海峽兩岸曾盛傳此間曾任總統兼國民黨主席的李登輝，也因「匪諜」案被關，甚囂塵上。日本政治評論家松本一男在他所著的《外國人眼中的李登輝》一書中曾經說過，李先生曾經在臺灣省有過兩次被逮捕的紀錄，第一次是在「二二八事件」發生之前，他因為思想左傾而遭台灣情治單位逮捕。第二次發生在一九六〇年，李先生在農復會工作時，又遭調查局逮捕，未經判決，被拘留四個半月⑫。

一九五四年九月，保安司令部破獲了一個「匪諜」案，被抓的一共有十九個，為首的葉城松等五人被判了死刑。在判決書裡，有了李登輝的出現：「被告葉城松於三十六年十

⑪ 參見徐淵濤著《日本浪人——岩里政男》，三十三頁，二〇〇〇年元月出版。
⑫ 同註⑩，十七頁。

月，由匪幹李登輝介紹，加入朱毛匪幫組織，受另案已決之楊廷椅等領導，擔任台灣大學法學院支部書記，以學生自治會和戲劇研究會掩護，從事發展組織。」⑬

已故前行政院副院長，也是台灣大學農學院李登輝的老師徐慶鍾之長子徐淵濤，曾有幸造訪一位曾經加入中國共產黨，並且跟李登輝隸屬同一組織的前輩，透過他的描述，對李登輝進出中國共產黨的來龍去脈，有了更全面、更細膩、更具體的瞭解。

李登輝對中國共產黨的「第一度春宵」，始自一九四六年九月，終於一九四七年九月，由吳克泰穿針引線；「第二春」則從一九四七年十月持續至翌年三月，居間撮合的是李薰山⑭。

李薰山在回憶自己被約談飭回時，調查人員曾經特別提醒他：「李登輝是已經自新的人了，你往後對外要保

⑬同註⑩，十三至十五頁。
⑭同註⑪，三十四頁。

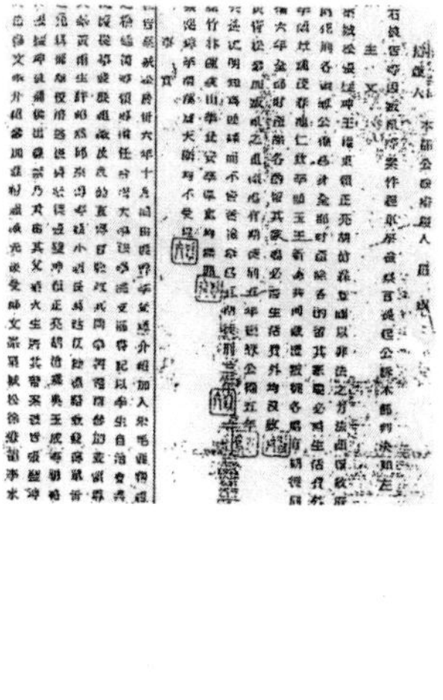

1954年台大又破獲匪諜案，首次出現了李登輝的名字在判決書中。

密，切莫再談及當年往事……」調查人員這段談話，足資說明，李登輝已經向情治單位輸誠自新過。至少，在一九五〇年前後，也就是李登輝服務於農林廳時，已經向保安司令部自新，而出面保釋李登輝的不是別人，正是他在台大農經系的恩師，亦即徐淵濤之父徐慶鍾⑮。

走進隱藏在歷史陰暗角落的「李登輝黨史館」，可以赫然發現在海峽兩岸近代史上最重要的兩個政黨，竟然都有李登輝的身影，他曾經二度加入共產黨，一度加入國民黨，並且暗助陳水扁奪得政權⑯。這種傳奇性的歷史真實，竟發生在二十世紀末的台灣，恐怕是空前絕後了。

22

調職成功！我在一九五〇年的三月一日上午，向位於台南市勝利國小內的裝甲兵旅第二總隊報到。

原任總隊長郭東陽已他調，現任總隊長趙之華上校接見我時，和藹地對我說：「上峯指定你去政工隊工作，隊上你是唯一學戲劇的，你就好好的發揮一下吧。」

⑮ 同註⑪，六十四頁至六十五頁。
⑯ 同註⑪，六十九頁。

「謝謝總隊長，我會好好幹的。」我向他敬禮後退出。離開位於勝利國小的總隊部後，我步行前往博愛路的捷豹劇隊。馬驥大哥已離隊，他現任康總的演劇三隊戲劇官。

現任隊長是一位畫家鮑梯霞。我找到了那幢軍方徵用的日式平房，鮑隊長夫婦與他的小姨子就住在這裡。

他大致告訴我隊上的情況。隊上男隊員有十個人，能演戲的只有沈勞、閔敏、張琪、周少卿等，女演員只有鮑隊長的太太張曼芳跟他的小姨子張曼芬。有一位負責燈光的劉苦，一位山東流亡學生劉藝，愛看書、學英文，但不能演戲。隊上的導演是資深幹戲的張引，他現在正在負責排演一齣新戲。

鮑隊長帶我去離他家不遠的一排平房，也是軍方徵用的。我們進入大門，看見他們在排戲，導演張引見我們進來，立刻停止了排戲。鮑隊長為我介紹給大家認識。鮑隊長要他們繼續排戲，他帶我參觀了隊員們的宿舍，也安排我的竹床放在劉藝的旁邊。

鮑隊長要我負責隊上的經費，每月的月底前，必須到總隊部領取下個月的薪餉，主副食與工作經費。每次領到經費後，馬上就有人找我預支薪餉。也有人向我借支經費，大部分多寫有借條，也有少數人忘了寫借條的，追討無據，只有自己認賠。隊上的經費管了幾個月，虧損了不少錢。

劉藝在隊上受到不少人的奚落、排斥，心情鬱悶，我經常勸慰他。後來他考取了政工幹校一期戲劇組，要去北投學校報到。我向鄰居借了一輛手推車，把劉藝的簡單行李及大堆書籍放在車上，我幫忙推車，送他到火車站。因為他沒有什麼像樣的衣服，我把一套羅斯福呢的軍常服跟一雙新買的短統馬靴送給他，還把我手上戴的那隻我父親送的愛而琴金錶脫下來借給他。他知道那隻錶是我的紀念品，答應我以後會還給我。

劉藝不愧是個君子，在他幹校畢業後，調到中央電影公司當場記、副導演時，特別抽空請我吃了一頓飯，也把那隻金錶還給我。

劉藝（一九三〇——）山東諸城人，早年為流亡學生，一九四九年來台時為裝甲兵二總隊政工隊員。一九五一年，考取政工幹校一期戲劇組，畢業後分發中央電影公司，從基層場記幹起。一九五九年，中義合作片《萬里長城》任翻譯兼副導演。一九六二年，中日合作片《秦始皇》任副導演。一九六五年，美國導演勞勃懷斯來台拍《聖保羅炮艇》任翻譯兼副導演。一九六七年，首次執導中影新片《月滿西樓》，我推薦了藝專應屆畢業生金鰲勳當他的副導演。一九七四年以中影的《啞女情深》獲第十三屆亞洲影展最佳編劇獎。一九七五年以《長刀萬縷》獲第十二屆金馬獎最佳導演。一九七六年以《清明上河圖》獲第十三屆金馬獎最佳紀錄片策畫獎。此外並曾當選為「十大傑出青年」，並發起成立影評人協會。它的影評言簡意賅、嚴肅而中肯。當年我拍了部《我的弟弟》，請他寫一篇客觀的影評，他回答我：「不評也罷。」他在中影期間，還編導了《葡萄成熟時》、《琴韻心聲》、《還君明珠雙淚垂》、《長情萬縷》、《戰地英豪》、《法網追跡》等片。過去在裝甲兵劇隊中排斥他的人，常常找他，希望能軋一角。

管了幾個月的隊上經費，頭都快炸了，我實在沉不住氣，找鮑隊長談談我現在的心境。

在鮑隊長的小客廳裡，我陳述了我幹戲的真正目的，是想把「戲子」這個名詞，在字典裡消失。

鮑：（驚奇地注視我）戲子？字典裡消失？

我：戲劇的震撼力，可以教化人心、導正社會。所以戲劇工作者，也是教育工作者，他有教育觀眾的社會責任。

鮑：（靜靜地聽，頗有感觸）沒錯！你說得對。

我：（激動、沉痛地）可是，一般人對我們幹戲的，是戴著一副有色眼鏡來看我們的。主要的，我們是公眾人物，平常的言行，都被觀眾注意；在影劇圈內，確實有很多從業員的生活不檢點，言行有問題，所以很多民眾把演戲這一行業的人，稱之為「戲子」，這個名詞有絕對輕視的意味。我學戲劇，從事戲劇工作，就是想以身作則，做一個堂堂正正的君子。從個人做起，來影響其他幹戲的。

鮑：（感嘆）這是一項艱鉅的工程呀！憑你一個人？

我：（堅定的）我盡量去做。鮑隊長，我想演戲，希望下個戲裡安排我演一個角色。隊上的經費，也希望隊長另外找人接手。

鮑：隊上這些人怎麼能管經費？你沒來之前，是我在管。小王，你就勉為其難吧。至於下個戲，我叫張引安排你演一個角色，你倒是一個很好的小生材料。

捷豹劇隊的新戲還沒有開排，五〇四廠卻來了一紙公文，說是借調我兩個月，到廠裡剛成立的一個劇隊，參加演出《野玫瑰》。導演是廠裡技術室的設計師張明垠，很愛戲。我在五〇四廠一年，有時候他約我到他那裡喝酒、談戲。他有一間工作室，還安置了一張竹床，就住在裡面。他知道我是出身劇校，也演過話劇《野玫瑰》。這次廠裡成立了一個業餘劇隊，他被選為隊長，開會決定，就排演我演過的《野玫瑰》。

借調是不可能的，只有私下溝通，在不影響捷豹劇隊的工作情況下，我可以到五〇四廠參加排戲，排好了，就在廠裡的大禮堂演出一場，封箱。

《野玫瑰》正式開排，我仍飾演「劉雲樵」，那朵「玫瑰」是由材料科方科長的太太飾演，李克仁股長的太太演「王媽」，劇中另一重要角色「王安」，則由工廠的一位技工飾演。為了上演時必須要穿冬季西裝，我那套白色馬高布夏季西裝不適用，結果向總務科的朱啟文股長借了一套深色西裝，因為太大，不合身，影響了表演。

五〇四廠的《野玫瑰》已經演出結束，捷豹劇隊的新戲還沒有消息。張引想排演曹禺⑰的《雷雨》，隊上的男女演員不夠，要對外招考一批人馬。

登報招考男女演員的廣告一經刊登，馬上來了一批男女青年。張引、張琪與我擔任主考官，錄取了女演員吳明珠，男演員吳風、翟允登等三人，都以聘僱人員任用。

《雷雨》演員經導演張引初步擬定如下：

---

⑰曹禺，本名萬家寶（一九一〇至一九九六）湖北潛江人，中國著名劇作家。十八歲，南開中學畢業，直接升入南開大學經濟系。翌年，轉考入清華大學西洋文學系二年級，專攻外國文學，同時學習法文、英文、德文和俄文。這時，他讀了莎士比亞英文版的全集。二十歲，他在清華大學演出《娜拉》，並著手翻譯英國劇作家高爾斯華綏的《最先與最後》，導演喜劇《骨皮》及外國劇作《太太》、《冬夜》等，是學校裡推動劇運的中堅活動分子。

二十三歲那年，清華大學畢業，考入清大研究所，研究戲劇。這一年，他歷時五年醞釀的《雷雨》劇本，終告脫稿。二十四歲出版，二十五歲首次在日本演出，同時又完成了《日出》，二十六歲完成了《原野》。二十九歲時，他配合抗戰，完成了《蛻變》，三十歲完成《北京人》，三十一歲完成獨幕劇《正在想》，三十二歲，他改變寫作路線，改編巴金的小說《家》。

一九四九年，中共政權建立，曹禺的政治身分公開，當選了「中共全國文聯委員」、「文協委員」，也出席「中國人民政治協商會議」，並出任中央戲劇學院副院長。從此，他輝煌的創作生涯開始結束。

他在四十六歲時，接受周恩來的指示，完成了中國解放後第一本劇本《明朗的春天》，主題是「知識分子必須在共黨的教育下進行思想改造」。五十歲，曹禺為配合共黨經濟危機，奉命去勞動改造，與梅阡、于是之二人合作編寫歷史劇《劍膽篇》。五十一歲，又應政治要求，去內蒙古參觀訪問，寫歷史劇《王昭君》，這也是曹禺一生完成的最後一本劇本。

周樸園：董事長，五十五歲，全劇中心人物。周少卿飾演。
周蘩漪：其妻，三十五歲，敢愛敢恨。張曼芳飾演。
周萍：其前妻生子，二十八歲，沉淪於情愛痛苦深淵。吳風飾演。
周冲：蘩漪生子，十七歲，不懂世事。王唯飾演。
魯貴：周家當差僕人，四十八歲，鄙俗貪婪。沈勞飾演。
魯侍萍：其妻，四十七歲，成熟持重。吳明珠飾演。
魯大海：侍萍前夫之子，煤礦工人，二十七歲。翟允登飾演。
魯四鳳：魯貴之女，十八歲，情竇初開少女。張曼芬飾演。

《雷雨》職員表：
演出人：趙之華
演出執行：鮑娣霞
編劇：曹禺
導演：張引
舞台監督：張琪
燈光：劉苦

《雷雨》開始對詞了，吳風與翟允登突然發生問題。原來他們兩人都是空軍單位的現役軍人，單位要他們回去上班，否則要報逃亡、通緝。

《雷雨》排演流產，弄得大家意興闌珊，士氣低沉。就在這時候，總隊部突然調吳明珠到政工室上班。

看樣子，除非再登報招考新隊員，增加生力軍，否則捷豹劇隊只能演演獨幕劇。

23

活了二十三年，我還沒有交過女朋友。

生命中，我最早的兩個「女朋友」都在台南。第一個就是隊上的吳明珠。十六歲隨兄嫂逃到台灣。個性倔強加上叛逆的她，在一次與哥哥激烈的吵架後離家出走，到處流浪，一直到考進了捷豹劇隊，生活才算安定下來。我因為對她的同情心理而特別關心她。我曾經找到她在台南鹽務局上班的哥哥，要求他能夠接受明珠。後來明珠離開了軍中，進了台南市政府上班，認識了一位地方法院的監察官周南強，因為他經常下班後到宿舍找明珠，因此，我也認識了周南強而變成好朋友。周大哥，江蘇省人，與明珠同鄉，出身朝陽大學法律系，為人忠厚，我鼓勵他們倆早締連理。後來他們果然結婚了，還生下了三個女兒。

我認識的第二個女朋友，是捷豹劇隊徵用的那棟平房屋主女兒的同學林淑美，那時她剛畢業台南女中，我也剛進隊上報到。張引正在排演一齣反共獨幕劇，林淑美與她同學常常來隊上看排戲。我沒有戲，就陪她們看戲，順便介紹一些戲劇演出的常識。後來我到五〇四廠幫忙排演《野玫瑰》，林淑美也經常跟我一起去。

淑美是在父母呵護下，溫室裡成長的閩南人，性情柔和、溫良，與明珠的剛烈、獨立形成對比。

淑美的父親是殷實的商人，在台南市鬧區開了一家「華南行」。那一年，他競選市議員，我還替他在五〇四廠拉了好幾百票。選上議員後，他請我在「寶美樓酒家」吃飯。上海有很多大飯店是以「酒家」名義開的，我不知道台灣的「酒家」是有女人陪酒的色情場所。當林議員帶我到「寶美樓酒家」，進了大門，立刻有四五個打扮艷麗的女人親熱的跟他打招呼，從她們身上散發出濃重刺鼻的劣質香水的異味，令人作嘔。

那頓飯（其實是喝酒、吃菜），吃得我終身難忘。我看到酒家女虛情假意、應付客人的手腕，我馬上想到曹禺老師為了寫《日出》第三幕妓院的情節，他特別跑到天津一家娼妓館，去實地觀察體驗妓女的生活。為了蒐集資料，在娼妓館裡東張西問，差點被人揍一頓，想到這裡，不禁莞爾。

自從林議員為了答謝我，安排在酒家請客後，我聯想到他女兒林淑美與我的交往，不可能有進一步的順利發展的。這是我的預感，我的潛意識。果然在不久之後，在一次與淑美見面時，她告訴我，她的父親反對我們交往，他的理由有三：外省人、軍人、演戲的。

我開始喝酒，有時候還會酗酒。有一次酒後，跑到林議員家，與他見面時，我大聲的問他：「你知道是誰叫我去演戲、當軍人的？」

他：（驚疑地）你——你說是誰？

我：（指他背後牆上掛的蔣介石總統照片）是他叫我學戲劇，當演員的，（大聲地）你懂嗎？（更大聲）我相信你不會懂！

我說完扭頭就走，老頭愕視我離去，淑美嚇得快要哭出來。

「我要離開台南！」

「我要遠離這個傷心地的台南！」

我打電話給毛老師，表示我希望北上工作的意願。

「裝甲兵演劇隊是你選擇的，怎麼？現在又——」毛老師在電話中質疑我。

我只好以捷豹劇隊一直沒有演出為藉口：「老師，我在隊上的工作是管經費的，根本沒有機會參加演出。」

「台北最近成立一個青年服務團，也附設了一個行政專修班，是收容一批大陸的流亡學生，如果你願意，我可以安排你來台北。」

「我願意，只要離開台南，越快越好！」我急促地說。

「怎麼啦？台南有那麼可怕？」是毛老師驚奇的口吻。

24

我在台北圓山的青年服務團辦完入團手續，在與督導員馬鶴凌談話後，分發在文教大隊。大隊剛從外島勞軍演完話劇《勾踐復國》歸來。

《勾》劇導演張徹，是資深戲劇從業員，他在一九四八年隨上海國泰電影公司外景隊來台灣，拍攝他「構想」的影片《阿里山風雲》。《阿》片的導演張英，編劇申江率領了一大批演員，以及攝影、燈光、製片、美術等人員，在台灣拍完外景後，上海已經淪陷，回不去了。這批優秀的電影人，就留在台灣，成為台灣電影的奠基、拓荒者。

為了生活，在張英主導下，排演話劇，賣票公演。先後在中山堂公演《春滿人間》、《文天祥》、《鄭成功》、《光武中興》、《八仙過海》、《恭喜發財》等，造成台灣戲劇運動的空前高潮，也引起了教育部長程天放的矚目，叫社教司長王星舟正式邀請張英擔任藝術教育組主任，負責每年舉辦的社教運動週及地方戲劇比賽。

一九五四年，教育部長已由張其昀接任，在年終工作檢討會上，張英報告了藝術教育，並提出成立戲劇訓練班的構想，引起張其昀的興趣，當場表示，華僑中學下學期有幾百人不能來台灣，可以二百個名額的經費與學校設備，來恢復國立劇專。他並指示相關人員將創立於民國二十四年的國立劇校的檔案找出來，以便參考籌備。在籌備會議中，有人主張培養國劇人才，也有人建議美術印刷人才的貧乏，亟待培植。在多次籌備會議中決定，在不增加政府預算下，先設戲劇科、國劇科與美術印刷科，於是台灣第一所藝術專業學校，在張英的倡議下，於一九五五年十月三十一日創立⑱。首任戲劇科主任，由教育部中華實驗劇團團長王慰誠接掌，師資則由劇團同仁劉垠、申江、段凌、宮波、顧毅、門祝華等為班底，另外聘請崔小萍、鄧綏寧、王勉之、虞君質、白克、雷亨利、鄭炳森、黃宣威等擔任教職，張英自己也開了一門「導演術」。

提到教育部的「中華實驗劇團」，也是張英創意的傑作。他把軍中的炮兵十四團政工隊人馬借調到教育部社教司，只要花很少的經費，就可以從事教育部的社會教育工作，以「中華實驗劇團」名義對外公演。工作結束後，全團在王慰誠率領下，穿上軍服，就是炮兵十四團的政工隊。一個隊，兩邊跑場，「一魚兩吃」的做法，還真是匠心獨運。

張徹是在這個時候，應青年服務團之聘，以教官名義進團導演文教大隊的「勾踐復國」。

我也在這個時候與他邂逅，交往了好幾年。曾有一段日子，在我南京東路的陋居裡賦

---

⑱參見王唯著《台灣電影百年史話》，下冊三三二頁，二〇〇四年十二月初版，中國影評人協會出版。

鬨，一天可抽四包老樂園，煙癮大得嚇人。

青年服務團與行政專修班的成立，是吸收一批大陸來台的流亡學生，分子難免複雜。毛老師派一位李中校作為我的連絡人。說實在的，我對這種類似「線人」的工作很感厭惡，又不敢對毛老師明白表示。

半年內，我演了兩個反共獨幕劇，劇本很爛，還是八股說教。我也在行政專修班聽課，尤其愛聽王紹清的「戲劇概論」，紹老的一口四川國語，說話詼諧百出，頗有「喜劇」效果。

他是台灣電影製片廠改組後，首任廠長，政工幹校成立後的首任戲劇組主任，後來調任國立藝術館長，退休後來世界新聞專校與我同事十餘年。

毛老師有一天到團部與上官業佑團長敘舊，也順便與我在會客室見面，問我有沒有興趣到軍中主持一個劇團。

「是哪一個單位？」我問。

「聯勤總部想成立一個劇隊。」毛老師說：「未來的劇隊可能寄缺在一個美援的汽車廠裡。」

「好極了，就麻煩老師安排。」我對戲劇的改革，又燃起了強烈的慾望。

25

在毛老師悉心安排下，一九五二年的一個炎炎夏日，我找到台北市郊外一條鋪設小石子的基隆路上的聯勤汽車廠，拜晤了政治室的唐上校主任。唐主任告訴我，上峯交代，未來的劇隊編制，工作計畫，都由我在一個月內完成，廠方負責提供劇隊的房舍及三十個「技術士官」的名額，而我在籌備期間，暫時在政治室辦公，座位安置在一位美國顧問麥克少校的對面。

在籌備期間，一位主管文宣業務的政二科葉科長經常與我接觸。他帶我到各處參觀，包括一座設備完善的大禮堂，裡面還有一個舞台，舞台後面有休息室。汽車廠因為是完全美援的新工廠，所以設備完善，編制龐大。葉科長告訴我，廠裡官兵的平均素質較高，也不乏對戲劇表演有才華的人。

我根據葉科長提供的資訊，目睹廠裡的設備，開始草擬劇隊的編制以及未來的工作計畫。

一、定名——中興劇隊。

二、隊長——由政二科葉科長兼任。

三、副隊長——由本人擔任，並兼專屬導演。

四、組織力求精簡——劇隊人數不必太多，根據本人經驗，人越少，越能出來好的東西。隊員之獲得，以本廠官兵及眷屬為甄試吸收對象。影劇界惡習陋規根深蒂固，劇隊之另一使命，乃在改造，故以富有朝氣、具有高尚品德、有進取心之新秀為骨幹。隊員名額暫定二十名。

五、劇隊學校化——劇隊隊員除工作外，利用餘暇時間授予理論及實務之課程，尤加強品德之教育。

六、演出——劇隊每隔兩個月排練新戲，除在聯勤總部演出一場外，並赴聯勤所屬全省各單位巡迴演出，必要時，也可作對外公演。

七、附記——本劇隊除肩負前述的各種有形的任務，在無形中，尚期以劇隊隊員之高尚情操，對工作之熱愛，兼具了藝術家與教育工作者之身分立場，影響所及，務使目前影劇界糜亂風氣，蔚為一股清新、樸實、有愛心、富進取心的戲劇界新結構，是本人翹足引領的。

計畫提案人：王唯

我的計畫經由葉科長、唐主任審視後，唐主任另以簽呈廠長轉呈聯勤總部，層層轉呈到總司令。十天後，簽呈批示下來，是黃總司令龍飛鳳舞的毛筆草書：「准」，旁邊蓋了一大堆大小不一，各處、室、局、署、司主管的紅色職官印，畫面蔚為奇觀，大家都好奇的爭相觀賞。

坐在我對面的麥克少校一頭霧水，緊張地直問我：「what happened?」

中興劇隊甄選隊員的公告，一經發佈，馬上引起一陣騷動，前往報名的官兵及眷屬，高達一百餘人。廠方計畫將一幢倉庫空出來撥給劇隊，並責令木工遵照我的設計，分隔成隊部、隊長辦公室、圖書室、男女宿舍。

甄試之日，我約請過去在捷豹劇隊的資深演員閔敏來幫忙擔任考試官。他現在已在裝甲兵請長假下來，住在台北。構想中，我想請他在劇隊擔任劇務組長，其他的總務、生活教育等組的組長，則由甄選出來的軍官中再挑選合適的出任。

這一百多名報考者，大部分是士官，佔三分之二，軍官、女性僱員及眷屬佔三分之一。經過了兩天的甄選，我們錄用了十名男性軍官、五名男性士官、三名女性僱員與兩名女性眷屬。這些錄取者都在學校或社會的業餘話劇社演過戲，都沒有「戲油子」的惡習，可塑性極高，是我希望獲得的劇隊隊員。在十名軍官中，我挑選了劉少春少校與黃也白上尉分別擔任總務及生教組長。

我以電話一一通知他（她）們，星期六下午一點鐘，在大禮堂開會。

唐主任主持了劇隊的首次隊務會議。他對大家說了些勉勵的話後匆匆離開了會場。接著葉科長以劇隊隊長身分開講：

「各位同仁，大家都知道，我對戲劇是外行，坦白的說，中興劇隊我是掛名的隊長，真正執行隊長職務的是王副隊長。」葉科長右手一揮，指向我。

我站起來，微笑地向大家招手。一陣掌聲響起後，葉科長繼續說：

「他是戲劇科班出身，舞台劇的編、導、演全才，我相信在他主持之下的中興劇隊，一定有突出的成績。」葉科長越說越激昂：「我知道，我深切的了解，他有一股狂熱的戲劇抱負。因為他在戲劇圈耽過，親眼目睹圈內的惡習陋規根深蒂固，很多從業員生活不檢點。因此他有改革的決心，甚至要重建一個有朝氣、有高尚品德、有進取心的戲劇理想國。」葉科長講完後，坐下來喝了一口茶，目光注視我，示意我說話。

我慢慢站起來，目視全場，感慨地：

「剛才葉科長說了一席話，道出了我多年來一直埋藏在心裡的話，中興劇隊就是我實現初步理想的地方。」

「我們中興劇隊，有異於其他劇團，就是劇團學術化。在我的構想中，平常除排演、演出的工作之外，在餘暇時間，我會安排，邀請戲劇學者專家來跟各位研究戲劇原理，提供實務經驗。如果在經費允許之下，定期出版戲劇叢書。」

隊員們好奇地、屏氣凝神地靜聽我的構想，部分人有認同感的反應。

「戲劇藝術有教育觀眾的社會責任。嚴格的說，戲劇工作者不但是藝術家，也是教育家。也正因為我們是公眾人物，所以，我們的言行要特別注意小心。未來中興劇隊的隊員，除了接受戲劇教育外，也特別加強品德的培養。」

中興劇隊的首次隊務會議，在三個小時的進行中，我除了感性的發抒了我的理念，也報告了劇隊的編制，除隊長、副隊長，下設三個組：劇務組長是資深演員閔敏、總務組長劉少春、生活教育組長黃也白。我也說明了劇隊的缺額在沒有獲得合理的核定之前，每人的階級暫時維持現狀。至於五位女性隊員，其中三位本來是約聘的僱員外，二位新進的女眷屬，也都以僱員聘用。而五位佔士官缺的隊員，必須與人事單位研究，如何晉升為軍官。而劇隊的辦公室、排演場地、在預定的一座倉庫沒有撥交前，暫時以大禮堂為活動範圍。最後，我宣佈劇隊的首演戲，是張英編劇的《恭喜發財》，一個諷刺喜劇。

我到教育部拜晤了戲劇前輩張英導演，並且取得他演出《恭》劇的同意。回來後，立刻叫總務組長劉少春多找幾個人，把《恭喜發財》劇本拆散，大家一起刻鋼板，預計十來天就可以把劇本刻好、油印、裝訂成冊。

就在這一段空檔，我把《恭》劇仔細的看了兩遍，準備設計一個詳細的導演計畫。創隊的首演，不能馬虎。

毛老師來了電話，約我在傍晚六點鐘去植物園內的台灣電影製片廠，參觀他黃埔軍校的老同學袁叢美⑲導演的電影《罌粟花》拍攝現場。

我約了閔敏一起去。在台製廠攝影棚的內搭豪華夜總會佈景裡，毛老師介紹袁叢美廠長給我認識，同時也介紹

袁叢美（1905-2005）

⑲袁叢美（一九〇五至二〇〇八）資深導演、製片人。原籍四川，十八歲時，在家鄉一所師範學院任教，首創童子軍於該校，隨之普及其他各校，後因領導學生拒購日貨遊行，當場遭軍閥射殺，傷亡數百人，是為「三三一慘案」。袁氏為逃避追捕而進入黃埔六期，參加北伐後，到上海擔任電影臨時演員。後來考取暨南大學藝術系，與紅星殷明珠合演過九部默片，也主演過中國第一位留美電影大師孫瑜導演的《火山情煙》、《天明》、《小玩意》、《大路》四部名片，其中《小玩意》是和阮玲玉聯合主演。

袁氏七十年電影生涯中，最大的成就是導演。他在一九三三年導演了中國第一部空戰電影《鐵鳥》，一九三五年導演的《暴風雨》首創啟用大批外國臨時演員。

同年，導演《鐵血精忠》後進入中製廠。一九三七年導演第一部抗日電影《熱血忠魂》。一九四一年拍攝《日本間諜》後升任中製廠少將副廠長。一九四五年抗戰結束，奉命至上海接收敵偽電影事業。一九四九年與新婚夫人夷光同來台灣，歷任台製廠長、中製廠長。退休後應世界新聞專校創辦人成舍我之聘擔任電影科教授兼主任。二〇〇三年獲電影金馬獎第四十屆終身成就獎。

了政工幹校戲劇組主任王紹清⑳與剛辭去調查局主秘、與友人創立的《青年戰鬥報》總編輯王宇清㉑。

⑳王紹清（一九一二至一九九七）四川銅梁人，英國愛丁堡大學碩士。一九三五年，他在上海任職聯華公司宣傳部主任，主編《聯華畫報》、《聯華年鑑》、《聯華月刊》，許多經典名片、大明星、大導演，都曾在他妙筆生花下捧出來的。抗戰期間，到重慶加入軍委會中國電影製片廠，擔任編導委員會執行秘書，曾參加陽翰笙編劇的《日本間諜》編劇工作。一九四〇年，應聘成都金陵大學音影系教授。一九四五年抗戰結束聯勤總部特勤署特勤學校教育長袁叢美介紹他擔任影劇科主任。

一九五〇年，袁叢美以省府參議身分擔保王氏入台，並受聘省立師範學院藝術系兼任教授，並出任台灣省新聞處電影製片廠廠長。一九五一年八月，政工幹校成立，出任影劇組主任。一九五四年九月，中影公司成立，先任編導委員會秘書兼演員訓練班主任，第一期畢業的有穆虹、張仲文、唐菁等人。後任中影公司製片部經理，負責製作的影片有《音容劫》、《宜室宜家》、《颱風》、《誰能代表我》等。一九七五年，袁叢美接掌世新電影科時，聘王氏進世新兼任，後來接掌廣電科，退休後受聘為教育部教育委員會委員。

王氏電影劇本有《鐵馬》、《良心與罪惡》、《情夫夢回》。話劇本有：《悲喜人間》、《春花秋月何時了》、《多難興邦》、《萬家燈火》、《禮尚往來》、《牆與橋》等。

㉑王宇清（一九一三至二〇〇九）江蘇高郵人。一九三一年入上海法學院法律系就讀，隔年因二二八事變而輟學。後自勵苦學，於家鄉創立《江蘇省報》。一九四七年當選為高郵縣長，一九四九年隨政府來台，擔任情報局秘書長，二年後辭退，與友人創立《青年戰鬥報》。一九五五年，教育部長張曉峰為推動台灣藝術教育風氣，創設國立歷史博物館，推舉王氏參與建館工作，由秘書而任研究組主任，一九六九年升任館長。王氏於一九六一年獲日本關西大學文學博士，為該校創校一百年來首位外籍博士，二〇〇七年更榮獲輔仁大學榮譽教授。

他們三位亦師亦友的前輩，我有緣與他們交往了幾十年，一直到他們先後蒙主寵召。

他們三位也多少影響了我的一生，其影響深度，僅次於毛老師。

《罌》片由袁叢美親自掌鏡，編劇周旭江，袁廠長夫人夷光與資深演員王珏主演，其他主要演員有盧碧雲、龔稼農、李湘芩、古軍、宗由等。

那天晚上拍攝的那場夜總會的戲，王珏的演技可說發揮得淋漓盡致；而有「台灣第一美人」之稱的夷光，美則美矣，可惜她的聲音與姿態動作表情實在不敢領教，這可從袁廠長臉上呈現的無奈神情表露無遺。

王紹清（1912-1997）

王氏對中國傳統服飾的研究，尤為國內外學術界相關領域之開創性成就。所著《冕服服章之研究》、《歷代婦女袍服考實》、《國服史學鉤沉》、《歷代祭孔君臣樂舞衣冠考》、《周禮六冕考辨》、《冕服服章之史源與辨解》、《徐福造象衣冠之疑議》、《古綬辨訛》、《龍袍》等允為同類領域之重要研究，迄今仍時為學者引述及參考，廣受國際學術界與藝文界尊崇。

26

中興劇隊的創隊戲《恭喜發財》已開排了。

演員名單：天寶——劉春園飾演
天放——張士英飾演
人傑——高　廈飾演
胡媽——梅　莎飾演
陶老頭——倪　迂飾演
張筱瑩——白　菊飾演

職員名單：編劇——張英
導演——王唯
舞台監督——閔敏
燈光設計——楊堅（外聘）
舞台設計——顧毅（外聘）
演出顧問——袁叢美、王紹清、王宇清、張英戲排得很順利，一點不費力。主要的，演員多有舞台經驗，無論台詞或走位㉒，只要我一經指點，馬上會意修正。在經過了十二天的日夜排練，已經完成細排與整排，就等上峰決定哪一天公演時，再作最後的彩排㉓了。

就在《恭》劇即將公演之際，那位飾演「天寶」一角的劉春園突然盲腸炎開刀住院，不能演了。臨時換角已經來不及，只有我親自出馬才能解決問題，因為我對全劇角色的台詞與走位，可以說瞭如指掌。在正式公演的前一天，我參與了三次全劇的整排。當然，為了排演順利，我要兩位隊員拿著劇本為我必要時的提詞。

首演之夜的中午，我以隊上的經費在台北一家餐廳宴請毛老師與他的好友袁叢美、王宇清、王紹清等人，編劇張英因公務出差沒來，紹老還帶來了他的前任台製廠長白克㉔與

㉒「走位」，是指戲劇演員在舞台上走動的位置。

㉓「彩排」，舞台劇在演出前的排練工作，其順序為：對詞、粗排、細排、從頭到尾的整排，最後，在演出前作視同正式演出的彩排。此時，表演區內的佈景、陳設、大小道具、燈光與正式演出時相同。

㉔白克（一九一三至一九六四）字明新，原籍廣西桂林，生於廈門。一九三四年廈門大學第十屆教育系畢業。於一九三五年接受廣西省政府保送南京中央攝影場學習。次年又考入上海電通電影公司，追隨袁牧之、司徒慧敏、許幸之擔任副導演。一九三七年，白克考取留學考試國家公費赴蘇聯莫斯科電影學院深造，正準備赴莫斯科時，適逢抗日戰爭爆發，應白崇禧將軍電召，到西南第五戰區文化工作委員會，負責電影戲劇宣傳，甚得白氏器重。於一九四五年抗戰結束後派赴台灣接收電影事業，將「總督府」的「台灣映畫協會」與「台灣報導寫真協會」合併為「台灣電影攝製場」，白克首任場長，為

他師大藝術系的學生白景瑞㉕。

中興劇隊的首演戲《恭喜發財》終於上演了；不過，它的命運也太坎坷了一點。就在與葉科長討論、研究安排在聯勤所屬單位演出日程的時候，消息傳來，當時「佔空缺」的歪風，上峰已經嚴格禁止，而隊上有十名空缺是作為經常費使用的，如果沒有經常費收入，劇隊勢難生存。果然，不久以後，唐主任當面告訴我，給我們隊上的十名空缺，已經取消，而我與閔敏兩人是佔了「機械上士」的缺額。原來我這個「少校副隊長」、閔敏的

「台灣電影製片廠」的最前身。

白克是台灣光復後台灣電影的開山祖，他導演了第一部閩南語電影《黃帝子孫》，成績斐然。他也是台灣中文影評的開路先鋒，台灣光復後第一家報紙《新生報》創刊，每週的「週末影譚」都有他精湛的影評。國立藝專與政工幹校先後成立，他在影劇科開設了「電影導演」，因精通電影蒙太奇原理，也有編導實務經驗，甚獲同學們的愛戴。

一九六一年，在拍攝《龍山寺之戀》過程中，被警總不明原因逮捕。一九六四年二月，以「匪諜」罪遭槍決，享年五十一歲。

㉕白景瑞（一九三一至一九九七）遼寧人，師範大學藝術系，以「白擔夫」藝名活躍學校劇運。一九五六年進自立晚報任記者，兼寫影評、畫評。一九五八年曾參加潘壘導演的《合歡山上》任場記。一九六〇年自立晚報派赴義大利特派員，並在義大利電影實驗中心學習電影。一九六四年回台進中影公司任編審委員、製片部經理，策畫《啞女情深》、《婉君表妹》、《我女孝蘭》、《雷堡風雲》等片。一九六六年首次執導演筒，與李行、李嘉合導《還我河山》，其後執導《寂寞十七歲》和《新娘與我》連獲兩屆金馬獎最佳導演，從此走紅國片影壇。代表作有《皇天后土》、《再見阿郎》、《老爺酒店》、《家在台北》等。

「上尉組長」都是「黑官」。隊上十位正牌軍官裡少校有兩位，其他都是上尉，我這個「黑官」如何能帶領他們？玩笑簡直開大了，這個地方是不能執了，我決定離開。與毛老師連絡沒成功，向他的連絡人詢問毛老師人在何處？那位連絡人偷偷告訴我，韓戰馬上結束，毛老師正忙著處理一批中共戰俘的善後，所以人經常不在台灣。

閔敏是我找來幫忙的，當我與他討論到「佔缺」問題時，他也有求去的意願。他告訴我，台北有家電影公司要請他去擔任製片。

王宇清總編突然跑來找我，與我討論有關一個話劇本《鄒容傳》的編寫問題。我們在討論之餘，我告訴他我沒法在這裡工作下去了。他告訴我，海軍陸戰隊的劇隊需人孔急，他可以向謝隊長推薦我去工作。

在未獲毛老師同意下，我逕自南下左營海軍軍區裡的陸戰隊司令部，找到了政工隊的謝維鈞隊長。他表示歡迎我參加他們的陣容。新戲馬上要開排，是民初戲《小鳳仙》，情節描述袁世凱稱帝時，蔡松坡首先起兵反抗，與妓女小鳳仙邂逅，情意纏綿的故事。導演分配角色時，派我飾演蔡松坡的隨身副官，一個正面小生——王副官。

《小》劇除了在陸戰隊所屬各單位勞軍演出外，另外在南部各機關、學校作「包場」演出，在兩個月內演了將近五十場，佈景修補了好幾次。謝隊長交遊廣，人際關係好，可見一般。

毛老師有消息了，他人在台北，是那位連絡人通知我的。他還特別提到，毛將軍最近會南下，將有新的任務交給我。

27

新的任務是去正聲廣播公司上班。毛老師的意思，新聞工作比較安定，也很適合我。其適合性，對我來說，僅次於戲劇。

簡直把我看透了。

在正聲公司夏曉華總經理辦公室裡，我見到了我未來的長官。

夏：（和藹地）歡迎你這位年輕的生力軍。（端詳）你跟毛將軍是——？

我：（直率地）毛老師是我從前在上海三青團的教官。

夏：那——你們是老關係囉。（切入主題）正聲公司岡山有一個正言廣播電台，目前有一個編訪組主任的缺，我想派你去擔任。

我：謝謝總經理。

夏：（邊看手中的資料邊說）毛將軍告訴我，你是學戲劇編導的，對演員、編導以及行政工作有實務經驗。

我：是的。

夏：你在抗戰前後的幾年中，為上海的三青團效力，成績優異。

我：我——實在不敢當。

夏：對了，你在上海長大的，當然會說上海話囉？

我：是的。

夏：（站起，轉身）你暫時先去岡山正言台工作，將來可能的話，我想開闢一個對大陸上海的評論性節目，完全用上海話，富有煽動性的上海話來報導，由你來主持。（坐下）明天你去岡山報到，那邊的負責人是黃懷中台長。

當天上午，我坐快車趕回左營，匆忙地與謝隊長及同仁們辭別。晚上，陸戰隊司令部的餐廳裡，謝隊長臨時定了兩桌酒席為我餞行。他們，包括謝隊長對我的突然離職，深感驚訝與不捨。

翌日早晨，我攜帶了簡單的行李，坐上謝隊長的吉普車，駛向岡山。

黃懷中台長，穿了一套藏青色中山裝，平頭，年約五十歲左右，臉色紅潤，兩目炯炯有神地看著我，真像老總統特勤組裡的人。

黃：總經理昨天電話告訴我，你要來接編訪組。

我：是的，請台長指示。

黃：目前編訪組等於沒有人，都是我在幹。編訪組主要的工作是編寫每天四段各十分鐘的新聞稿，還有廣告時段的廣告詞。每週六晚上八點，有一個五分鐘的「您說對不對」評論節目要撰寫與錄音。

我：（注意聽）是的。

黃：你跟我一樣沒有結婚吧？

我：沒有。

黃：這裡有一間單身宿舍，你就跟我住在一起吧。

我接下了黃台長代理的編訪工作，他傳授了他的工作經驗。每天清晨四點起來，把當天的三份報（中華日報、中央日報、新生報），選取國外及國內的要聞各五條至七條，剪下後貼在稿紙上，逐字閱讀後，再改成口語化適合廣播用語的文字，交給七點鐘播報早晨新聞的播音小姐。中午的新聞大部分是重播早晨的，也有一部分是一些早晨遺漏的。晚間九點的新聞全部採用晚報的新聞。每天晚上十一點的「最後新聞」，黃台長交代，必須晚餐後搭公路局車，到台南《中華日報》的電訊室，抄錄譯電員翻成中文的新聞後，儘快趕回電台，在編輯台上再將新聞改成口語化後，在十點五十分前交給播音小姐，不能延誤。

每週六，晚上八點的「您說對不對」評論，選擇一條南部七縣市本週內發生的重大事件，作五分鐘的客觀評論。

正言電台沒有採訪記者，有時候我還必須擔任採訪工作。派駐岡山的各報記者大家都有連繫，每天中午固定在一個地方見面，大家交換新聞，唯恐獨家漏發就不好看了。

其實，岡山只是一個小鎮，地方新聞不會多；不過，那裡是空軍的基地，空軍官校、機校、通校都在一起。正言電台有兩位播音員紀奚竹與吳東引，老公都是空軍官校的飛行教官，還有一位負責節目組的洪愛慧，也是空軍眷屬。

岡山也有一家空軍新生社，有食宿供應。每週六晚上固定有舞會。吳東引的老公姚振祥，很愛跳舞，也經常約我共渡週末，我就帶電台「國台語雙聲帶」的吳海玲做我的舞伴。

有一天，吳東引告訴我，香港永華電影公司的負責人李祖永，率領一支外景隊來台灣，拍攝國語電影《飛虎將軍》，現在住在岡山的空軍新生社。外景隊成員包括導演、攝影、燈光、劇組人員，還有男女主角陳厚與葛蘭等二十餘人。

陳厚是在上海的舊友，沒想到現在是熠熠紅星。而永華公司的李祖永，這位高級知識分子一心想把國片提升起來，不惜投下巨資，購買新穎電影器材，聘請優秀電影人才，拍出了台灣拍不出來的《國魂》與《清宮祕史》兩部創業經典電影。為了清除內部的左派分子，業務停頓了好幾年。沒有收入，只有支出，因此造成經濟危機。台灣政府對反共人士特別照顧，除了在經濟上給予支援，（聽說支援了港幣五十萬元）也全力協助李祖永在台灣拍攝《飛虎將軍》，要空軍無條件配合支援。

這個人值得做一個專題專訪。

第二天，我與吳海玲在「最後新聞」後，造訪了住在新生社裡的李祖永。當然，我們是事先約好的。

在李祖永的房間裡，他接見了我們，也見到了在他房裡的導演李應源與陳厚。

陳厚很感意外的表情與我親切的握手：「世界之門實在窄小，沒想到我們在這裡見面了。」

李祖永走近我們，一團迷惑：「你們認識？」

陳厚激動地對他的老闆說：「我們是在上海的老朋友。那時，我們參加了一個劇團，演出《野玫瑰》，他演的是男主角劉雲樵。」

「噢，你也幹過戲。」李祖永拉著我的手，讓我坐在小沙發，自己坐在另一張小沙發上。

「你是上海人？」他問。

「是的，請問李先生也是上海人？」

「我是浙江人。」李祖永說：「不過，我生長在上海，我還當過上海縣的縣長呢。」

「上海縣？上海怎麼會有縣？」我很疑惑。

「那你就不知道了，因為你還年輕。」李祖永好像在授課：「我那個時代，江蘇省設有上海縣，現在的浦東也是上海縣的一個小鎮。」

時間已晚，言歸正傳。

「李先生對中國電影的貢獻，是有目共睹的。」我虔誠地表示對他的敬意：「我想明天能不能給我兩小時的時間，作一個錄音訪問。」

「明天下午三點，我們在新生社有一個記者會。」李祖永說：「你們電台應該也發了請柬。這樣好吧，記者會結束後，你可以到我房間來錄音；不過，最好你要把訪問的內容事先告訴我，讓我有準備。」

李祖永的記者會，使得南部這個小鎮喧嘩熱鬧起來。因為五十年代初的台灣，拍攝電影是件罕有的事，國語電影年產量只有二、三部，第一部閩南語電影《黃帝子孫》，白克還在構思中。拍電影是件新鮮事。記者會上，各報、各電台記者雲集，連北部的媒體記者，空軍都派有專機接送。港星葛蘭、陳厚出現處，鎂光燈閃爍。

老張早已將一台笨重的錄音機，安置在靠牆的一張椅子上，並將電插頭插進牆角上的一個電插座。我把一支麥克風放置在李祖永面前的桌面上，準備在記者會開始後，作現場全程錄音。主要的重頭戲，是我對李祖永的訪談，是在記者會後，李祖永房間裡錄音的。

我向李祖永提出了三個問題：

一、中國電影品質提升之道。

二、客觀的影評，是否可以促使電影品質的改善？

三、對台灣地區的電影界有何建言？

李祖永很中肯的表達了他對台灣電影的看法與建言。歸納起來，其要點為製片分工不細膩，從業員的工作態度不敬業，言之有物的影評，可以鞭策電影品質的提升，培養專業、敬業的電影人才，為當務之急。

李祖永記者會實況，與我對李祖永個人的訪談，在當天晚間「最後新聞」時段播出，第二天的「早晨新聞」又重播一次。

我在正言電台不到一年的服務期間，除了每天編訪四段新聞，也要編寫新增廣告客戶的廣告詞，還有每週一次的五分鐘「您說對不對」評論稿撰寫與錄音。有一段時間，黃台長要我在午夜聽大陸的「人民廣播電台」新聞，那個時候，毛澤東正在搞什麼土法煉鋼，煉出來的不是鋼仍是一堆鐵，弄得老百姓民不聊生。我據以誇大的報導，以「大道通訊社」的名義，分送各報刊登。

時任台灣省主席的嚴家淦要到南部七縣市巡視中等學校，黃台長派我參加隨行的記者團，執行採訪任務，每天採訪所得，分四次打電話通報黃台長。

記者團同僚每天跟隨嚴主席跑好幾所學校，晚餐後，大家都與嚴主席住在同一家旅社，大家在客廳裡聊家常。他有一份記者團的名冊，詳細記錄了每人的背景。有一晚，他突然似有新發現的笑問我：「老弟，我們還是小同鄉！你知不知道洞庭東山有一個區叫王閣老廳的？」

「主席，我從小就離開蘇州，在上海長大，所以對洞庭東山的印象模糊。」我追憶地說：「不過，我有一位姨媽、姨夫姓嚴，是蘇州木櫝人。好像跟主席家有親戚關係。」

「木櫝地方很小，姓嚴的沒幾家，應該是近親。」嚴主席很慈祥的、目不轉睛的看我的資料：「王老弟是正聲廣播公司的，你們的董事長黃國書先生，是我的老朋友。」

「是的，主席。」

「你是學戲劇的，從事新聞工作應該可以勝任愉快。王老弟，你還年輕，抓住現在，好好地幹一番事業。」

那一晚，嚴主席對我的談話，語多鼓勵。

有一天，嚴主席巡視高雄女中。師生們在校門外列隊恭迎主席蒞臨。我們二十來個記者跟隨主席之後，走經歡迎隊伍時，忽然在女生群裡發出了「王副官！王副官！」的驚呼聲。原來在不久前，我在該校大禮堂演出話劇《小鳳仙》，我飾演劇中的「王副官」。那群小女生對我指手劃腳的舉動，引起記者團同僚們的一陣騷動。我尷尬地向她們揮手微笑，同僚們一片瞠目。

嚴家淦主席視察南部七縣市的中等學校，為期半個月，巡視結束，記者團解散，各自歸建。我回到岡山，又恢復原來例行的工作。

我每晚到台南中華日報電訊室抄錄電訊時，偶而也會順道探望朱耀龍總編輯。他是黃台長介紹認識的，要我如果在處理新聞有困難時，可以找他解決。我與他在多次談話後，發現他曾是毛老師的部屬。怎麼搞的？軍統局的影子，也在新聞界隱約浮現。後來聽黃台長說，朱總編是密碼專家，抗戰期間，他曾多次破解了日軍拍發的重要密碼，屢建奇功。他目前有兩張電台執照，一張是台南「勝利之聲」電台，另一張還沒有開播。他表示，如果我有興趣，他可以提供給我來經營。

這是創業的好機會。

向正言台的沈工程師請教，一家廣播電台有關工程部門的設備，需要多少資金。

沈工程師在思索：「一家小型的電台，就像我們正言電台這樣小規模的，發射天線、工程部、播音室、錄音室的全套設備，我看沒有七萬元是下不來的。」

「那麼，每月的房租、人事費、水電費等雜支，恐怕也要好幾千元。」我也在盤算：「電台的主要收入是廣告費，總務組的郭組長告訴我，正言台每月的廣告收入，現在目前大約總在三千元上下，正好跟開銷打平；但是碰到廣告淡季，就不夠開支了，黃台長必須要向台北總公司請求經費支援。」

這樣的投資報酬率！我開始懷疑，開設電台有否需要？何況，七萬元的硬體設備費如何籌措？本來興緻勃勃的想闖一番廣播事業，現在是興味索然了。

暫時不去考慮這檔投資事吧。

談到總務組長郭堅信，這位老大哥是有點特別。為人豪放，衣著考究，常用流利的上海話跟我講話。他在抗戰期間曾在上海工作，娶了一位上海小姐，二次終戰後攜眷返回老家岡山鎮。郭堅信的父親在岡山是大地主，當年正言電台創台時他是股東，後來正聲公司收購後，郭堅信留在台裡工作。據說，當年王永慶騎了腳踏車送米時，郭堅信曾經在經濟上支助過，沒想到幾十年後王永慶成為台灣首富，而郭堅信卻得了肝癌必須住院開刀無法繳納醫院的保證金。老郭特別跑到台北中油公司來找我，要我為他寫一封信給王永慶，希望能安排住進剛開業的高雄長庚醫院。

那封信發生了效果，王永慶馬上叫人安排老郭住進了長庚醫院，進行手術治療，還送了一個幾萬元的大紅包。這是一九七四年發生的事，我那時因拍片失敗而進了中油公司。

生命中，成功的秘訣是隨時把握時機，我目睹王永慶的崛起與老郭的衰落，應該與時機有關。如今，兩人都成一堆白骨。人活著的意義是什麼？生命又何其脆弱，不禁有人生朝露的感嘆。

28

馬驥在鳳山的演劇三隊工作。南部的軍中朋友多戲稱該隊為「皇家劇團」，意指它隸屬軍事最高單位的國防部總政治部，有異於一般三軍總部的演劇隊。演劇三隊除負責南部三軍的勞軍演出外，也兼負三軍話劇隊的輔導工作，定期開課，講授藝術及技術課程。

有時候演劇三隊到岡山的空軍單位勞軍演出，我會就近前往觀賞，並作實況報導。經由馬大哥的介紹，認識了隊長劉碩夫、副隊長張方霞、編導金馬、高前、陳為潮，演員曹健與錢璐夫婦、張冰玉、陳麗雲等人，隊上多是國立劇專的菁英。

有一次，馬大哥為空軍一個單位的劇隊導演一齣話劇，我也會抽空前去探視觀摩。

某夜，他排完戲，突然問我：

「你這位戲劇逃兵，是不是願意考慮歸隊？」

我：（不解其意）馬大哥的意思是——？

馬：國防部已經核准我們康樂總隊擴大編制，演劇三隊可以報補兩個尉官。如果你願意進三隊，現在儘快把你的資料給我，我可以請隊長報總隊部再轉報國防部核定。

我：（猶疑地）我是很想幹戲，可是——可是必須獲得一位毛將軍的同意。

馬：（無法理解）為什麼要一位毛將軍同意？

我：（無法直說）我進正聲公司，是他介紹的，我能說不幹就不幹嗎？為了尊重前輩，所以我必須取得他的諒解才能離職。

馬：當然，尊重前輩是應該的，你就不妨跟他報告一下，越快越好。電話裡實在難以向毛老師啟口，想想多年來，屢次要求毛老師變換工作，從來沒有拒絕過我。寫封長信吧，向毛老師報告目前有機會進入國防部的康總，從事我嚮往的戲劇工作，他應該會同意的。喔，不！現在不能寫，進康總要呈報國防部核准，如果萬一沒核准，正聲公司的工作也辭了，不是兩頭落空，變成無業遊民。

國防部報准了，再寫信給毛老師也不遲。

我寫好了簡歷表，貼上照片，附了學經歷證件，專誠跑了一次鳳山。

馬大哥事先在電話中跟我約好，下午兩點在鳳山火車站見面。

他帶我走車站後面的捷徑，繞過一所文山國小，從一條田邊小徑直達演劇三隊。

演劇三隊位於鳳山的黃埔一村，是四排日式木造平房，前面是一片草坪，中間有一個籃球場。

黃埔一村除了演劇三隊外，幾乎都是陸軍官校教職員的宿舍，環境幽靜，我在這裡曾經度過了四年多對戲劇的再進修、再實驗的日子。

馬大哥先把我帶到面臨文山國小的第一排劉碩夫隊長的房間。見到劉隊長後，將我的有關資料交給他。劉隊長表示，明天就叫文書楊達備函報總隊部，由龍芳總隊長批示後再呈報國防部。

辭別了劉隊長，馬大哥帶我到隔壁一間圖書室參觀，裡面多是戲劇原理書籍與大陸著名劇作家的劇本。我心想，這些書都是查禁的，如果給保防人員發覺，後果不堪設想。

馬大哥又順道帶我禮貌性的拜望了第一排的金馬、陳汝霖、黃樑、吳恩普與總務傅漢章，第二排的張冰玉、高前、劉璞夫婦、陳麗雲，第三排的孫炳法與陳慧君夫婦，曹健與錢璐夫婦、譚颯與阮麗雲夫婦、張方霞與林瑋琤夫婦，最後，他帶我到他家，大嫂孫遜已準備了一鍋紅豆湯招待我。因為還要趕回去編晚上九點的新聞，所以向馬驥夫婦告辭，從原路走到火車站，搭火車回岡山。

自從演劇三隊的公文報到康總後，總隊部主管三軍戲劇的二科科長陳為潮馬上打電話給馬驥，說公文接到，龍芳總隊長已批示，翌日就可以備文呈報國防部。馬大哥在電話中告訴我，國防部的批准公文根據過去的慣例，大約十幾天以後就可以下來，要我耐心的等待。

等待！等待的日子好像過得特別長。我渴望著進入演劇三隊，與那批戲劇先進們學習，同時進行我對戲劇改革的理想，那是我夢寐以求的。

半個月過去了，有一天下午，我在編輯台上整理晚間新聞的稿子，我右手旁的電話響了，拿起電話來，對方傳來濃重的南京口音：「請問王唯先生在不在？」

「我是王唯，請問——」

「我是台北康樂總隊的陳為潮。」

「噢——是陳科長，是不是有什麼消息要告訴我？」我情緒有點緊張、激動。

「你的批准公文已經下來，今天我已經行文到演劇三隊，暫派你在三隊工作，生效日期就是明天。」陳科長一口氣說完了重點。

現在，馬上要辦的兩件事：

一、向黃台長請辭。

二、寫封信給毛老師，向他報告我已獲國防部核定康總的戲劇官，必須辭去正聲公司的工作。並對他多年來對我的照顧，表示感念之意。

當黃台長獲知我欲辭職，臉上馬上呈現錯愕之色。

「你不是在電台幹得好好的，為什麼要辭職？」黃台長不解地問。

「真不好意思，在這裡工作了一年，我得到黃台長的照顧，在新聞工作上，也學了不少東西。可是——可是我——」我說話開始期期艾艾了。

「現在——國防部已經核定——我必須在後天報到——」

「國防部核定？後天報到？」黃台長的眼睛睜大了：「小王，我真的搞不懂你在說什麼？」

說實在的，我在這一年多與他共住一間宿舍，他常在深夜酒後談話中，會無意間洩漏一些他過去如何用各種奇特的方式，把一些日本人或共產黨殺害，聽了令人骨寒毛豎，不寒而慄，第二天，他又矢口否認。

雖然他現在對人很和藹，但我對他在潛意識裡存有一種憚懾感。我怕他會動怒，甚至責罵我。

我極力保持鎮靜，思緒也調整了一下：「報告黃台長，我對戲劇工作仍是念念不忘，因為正好有人推薦我進國防部康樂總隊，沒想到這麼快就批准下來了，而且限期報到。」我終於把辭職的主因說出來。

「當然，人各有志，我也不能勉強你留在電台。」黃台長難得的綻開一絲笑容，語重心長地說：「不過，戲劇界的惡習陋規，恐怕你會不適應。」

他倒是很瞭解戲劇界的情況。

「正因為戲劇界的惡習難改，是我從事戲劇工作的主要原因。」我說：「我要把『戲子』這個名詞，在字典裡消失。」

「你要改善戲劇界的結構？」黃台長的兩眼鼓得更大了。

29

我即將離開難忘的廣播編訪生涯，踏上崎嶇難行的戲劇之路，心情是相當矛盾的。給毛老師的信早已寫好，信中向他報告了我離開正言的苦衷，在岡山上火車前投了郵。在馬驥大哥陪同下，我向新任演劇三隊隊長覃蕙女士報到，劉碩夫隊長已調升南區督導，仍住原來的宿舍。

總務傅漢章為我安排宿舍，是第一排的一間，與劉碩夫隊長緊鄰。隊上正籌備排演一齣古裝戲《岳飛》，由馬驥導演。男主角岳飛由張方霞飾演，其他演技派演員曹健、錢璐、張冰玉、陳麗雲等都飾演重要角色，馬驥自己也演了一個不太輕的角色，我被導演分配飾演一個戲份很輕的角色——岳飛之子。因為這齣戲裡的角色很多，演劇三隊幾乎全體動員，編導金馬、陳汝霖，舞台設計譚楓夫婦，劇務吳恩普，總務傅漢章，文書楊達，連舞台裝置人員都上場飾演士兵甲、乙、丙。

排戲時，我仔細觀察了各人的表演方法。張方霞、馬驥、金馬等不愧是出身劇專，舞台經驗也豐富，他們依照前輩老師們的指導，重視表演前的「培養情緒」，也就是史坦尼・司拉夫斯基的要求演員拋棄第一自我，融入劇中人物的語言、動作、甚至思想之中，創造劇中的第二自我，亦即表演藝術的呈現。

《岳》劇排演了十二天就完成，除在南部三軍作勞軍演出外，也在各機關「包場」演出，每場收取演出費大約一千元左右，大家稱之為「演福利場」，每人可分得五十元的「福利金」。

演劇三隊地處鳳山郊區，到了晚上九點鐘以後，就已「夜深人靜」。遼闊的宿舍區內路燈黯淡，我經常一個人在走廊上散步，思索一些白天工作上發生的事，或者默誦著排演時劇中的台詞，往往到深夜才回宿舍。有時，我發覺曹健家窗口有依稀燈光射出來，我走近他家，窗子是打開的，看到曹健獨自一人在鏡前練習姿態動作和臉部表情。有一晚，他發現我在窗外，就請我進去坐，我問他，這麼晚了為什麼還不就寢？他說，他不是張方霞、馬驥他們是科班出身，他要加倍努力才能趕上。

演劇三隊有一個非常好的工作習慣，每當演出，大家各司其職，井然有序。裝置人員先行搭大卡車前往演出舞台上裝台（佈景、燈光、布幕、大道具的裝置），其他演職員則在提前晚餐後坐一部大巴士，到演出地點的後台化妝、穿服裝。劇終人散後，大家在隊長帶領下，一起幫忙拆佈景、卸燈光器材、收布幕，並將大道具搬運到大卡車上。大巴士與大卡車回到隊上，大家又排隊一一將佈景、燈光器材等搬下來，放置在倉庫裡，然後大家才到大澡堂（有兩個男女各一的大澡堂）裡洗澡，那時，廚房裡的老陏已經將宵夜準備好，等待大夥到餐廳用餐。

我在演劇三隊四年，演了將近二十齣話劇，其中，每年十月上旬必須與康總的另外兩個隊（演劇一隊、二隊）集中在台中的演劇二隊，聯合排演一齣大戲，十月三十一日晚上在台北中山堂演出，為蔣介石總統祝壽，他老人家會親臨觀賞。

演劇一隊的高前、丁衣、彭行才，演劇二隊的陳力群、吉程弘、葛香亭、傅碧輝、陳曼夫、趙振秋等，都是優秀的編導與演員，品德也佳，值得跟他（她）們學習。

毛老師的連絡人李中校告訴我，毛老師剛忙完一件重大案子，現已回到台北。他也已經知道我已離開正聲公司，進入演劇三隊工作，我問李中校，毛老師對我未經他同意擅自離開正聲有何反應？李中校說，毛將軍只是說了句：「這是他的選擇，應該是對的。」

在一次與毛老師見面的機會裡，他告訴我，韓戰期間，中共志願軍死亡十一萬人，戰俘七成選擇投奔台灣。毛澤東後悔出兵援朝，應該先攻佔台灣。

我好奇地靜聽毛老師娓娓道來。

毛：台灣那時候是岌岌可危的，是韓戰把毛澤東延誤了攻打台灣，對於這件事，他一直無法釋念，始終耿耿於懷。

我：聽說台灣也要派部隊打韓戰？

毛：是呀，那是蔣先生的意思，因為他對失去大陸那塊龐大的土地，現在退守台灣這個蕞爾小島是不甘願的，所以他一直想反攻大陸。本來他想出兵韓戰，乘機打到北韓，渡鴨綠江到大陸的東北，因為美國不同意而作罷，但是他仍不斷試探性的先後突擊了大陸的東山島、南日島，他還想找一位軍事家，組織一個研究機構，潛研反攻大陸的詳細計畫。

我與毛老師那次見面後不久，爆發了陸軍步兵學校少校教官郭廷亮「匪諜」案，時任總統府參軍長的孫立人將軍以「知匪不報」遭到軟禁，被牽連的部屬約三百人。

我曾經聽毛老師提到過有關孫立人將軍的英勇事蹟。孫將軍出身美國普渡大學，維吉尼亞軍校，為抗日名將。在多次戰役中，較為著名的是在一九四二年二月，他率領中國遠征軍三十八師進駐緬甸，參加曼德勒會戰。四月，西線英帝國緬甸軍步兵第一師及裝甲第七旅被日軍包圍於仁安羌，糧盡彈缺，陷於絕境時，孫將軍派一一三團星夜馳援，攻克日軍陣地，殲敵一個大隊，解除了七千英軍之圍，並救出被日軍俘虜的美國傳教士，各國新聞記者及婦女五百餘人。仁安羌大捷是中國遠征軍入緬後第一個勝仗，孫將軍以一個團不滿一千的兵力，擊退數倍的敵人，蔣介石頒發四等雲麾勳章給他，美國小羅斯福總統授予他豐功勳章，英王喬治六世授予他英帝國司令勳章。

韓戰爆發前，孫將軍為陸軍總司令兼台灣防衛司令，毛老師曾告訴我一個祕密，美國當時對蔣介石並不滿意，考慮要求蔣下台，軍隊指揮權交給孫立人，以胡適替代蔣介石。

我在演劇三隊期間，除勞軍演出，演《福利》包場外，還有很多空暇時間，記憶中，那段時間裡，張方霞替獨立製片公司導演了幾部電影，陳汝霖在一家公司擔任製片，曹健主演了一部《養女湖》，那部電影還參加了那一屆的亞太影展，評價不高，被報紙譏為得了「最佳勇氣獎」。我也參加了幾部台製廠的宣導短片，一部唐紹華導演的《擒兇記》，《擒》片的副導演是張方霞，是他請我去幫忙飾演一個配角。有一場戲裡，需有一位大學女生與我配戲，對白只有三句，要我去物色。那部戲大部分是在屏東拍的，所以我就近跑到空軍宿舍找過去捷豹劇隊的張曼芬。曼芬嫌角色的戲份不夠，另外替我介紹了一位黃小姐跟我配戲。那位黃小姐後來去香港拍戲，有點小名氣。六十年代時，我與王豪聯合導演的《迷霧疑雲》裡，她還演了一個角色，片酬支付方式比較特別，與蔣光超一樣，一天一萬塊，當場拿現金。

六十年代的台灣影壇，是罕見的黃金時代，年製片量二百二、三十部。資金短缺的獨立製片公司林立，拍出了一堆電影垃圾，老闆們開給演員的片酬支票很多退了票。

一九五六年的一個炎炎夏日，我趁沒有工作的空檔，到左營的高雄煉油廠會計組，探望一位親戚汪厚仁，汪時任編審課長，正好煉油廠的秘書崔興亞也在汪辦公室，汪為我介紹了崔秘書。據崔告訴我，廠裡的話劇社正準備排演一齣話劇《海》，由一位工程師鄧世明導演，崔希望我能前去指導，我欣然同意。

《海》劇利用晚上及週日排練，廠方安排我住在招待所，還招待我三餐。我為《海》劇設計了全劇佈景，在該廠的土木工廠製作，我負責監督施工。排練期間，我對《海》劇的演職員提供了劇場演職員及導演的基本要素。我認識了演員方幼南、陳乃善、方永和等喜愛戲劇的朋友，當然，也包括了導演鄧世明。

《海》劇排練了三十個工作夜，在廠裡的中山堂演出後，崔秘書致送我一份酬勞，約等於我軍中薪餉的十倍。

演劇三隊有一次演《福利》場，是在高雄的台灣機械廠，演的是一個反共間諜劇，我飾演一個在飯店裡當侍者的反共間諜，馬驥演一個共產黨，他來到飯店用餐，與我在言詞上發生衝突，我們這位馬大哥實在太入戲，真的狠狠的用力打了我一巴掌，讓我倒退了好幾步，差點摔倒。

戲結束後，我正在後台卸裝，一位中年人走近我。

「請問你是不是王孝齡？」他問。

我抬頭，仔細端視那位似曾相識的先生，心想一定是上海的舊識。

「我是龔循初，你記不記得？」他又問。

噢，原來是桓哥在上海開設的培利證券公司的會計老

我在電影《擒兇記》中的一個鏡頭

龔，我每天放學後在那裡當練習生認識他的。

「真沒想到在這裡遇見你！」我站起來與他緊緊地握手。

老龔從上衣口袋裡取出一張名片，遞給我說：「我知道你在台灣，從事演劇工作，不過到哪兒去找你？你的名字也改了，原來王唯就是你！」

老龔在台灣機械廠擔任倉庫主任，自從與他重逢後不久，他攜眷北上，進入裕隆汽車公司當採購部副理，是他跟我連絡時告訴我的。

演劇三隊有時也會到外島勞軍。金門、馬祖、澎湖大概每隔一、二年會去一次，我們的行程，完全由國防部指定、安排。我們勞軍的節目，當然是演出話劇，大部分多是激勵士氣的情節，演出時間都在晚上，白天沒事，我們就會臨時與當地的康樂隊配合表演綜藝節目，張復生的相聲，陳慧君的紹興戲，錢璐的河南梆子，秦靜的藝術歌曲，我的西洋歌曲通通出籠，還蠻受戰士們的歡迎。

在偶然的機會中認識了日本舞蹈家鈴木惠美子，她在日本是松竹歌舞劇團的舞蹈老師，擅長芭蕾與踢踏舞，現在鳳山開班授徒。因為剛來台灣時，我在台南經常看美國的歌舞片，對弗雷亞斯坦的踢踏舞，幾乎著了迷。

機會難得，抽個空拜訪了那位鈴木老師。

她教我踢踏舞的基本動作之前，要求我先將芭蕾的基本動作練好，然後再教我踢踏舞。

我每天去鈴木老師的舞蹈教室一面大鏡子前學習，回到隊上，在排練廳裡複習，跳得一身汗。是一股對踢踏舞的熱愛爆發出來的力量，我日以繼夜的苦練，弗雷亞斯坦優美的舞姿重現我記憶的畫面裡，我試著抓住它、模仿它，再把鈴木老師教我的一些基本動作，拼湊設計出一段踢踏舞。幾個月以後的一個上午，我在鈴木老師面前表演，她臉部呈現驚訝，用生澀的日本腔調的國語連聲說：「王唯很好！很好！」

本來我是要繳昂貴的學費的，自從那次「成績驗收」後，不收了。

鈴木老師舞蹈社裡的學生大多是兒童，學踢踏舞的就是林正源、張明華和我三個大男人。

鈴木老師經常被單位邀請去表演，有時我也跟著一起去。我唱適合跳踢踏舞的西洋歌曲I NEED YOU NOW中間的間奏時，我跳一段踢踏舞，很受觀眾的歡迎。

一九五七年六月，康總內部改制，將北、中、南三個演劇隊全部集中在台北的總隊部，合併為一個「示範劇隊」，隊長由覃蕙擔任。另外增設一個「台語劇隊」（歌仔戲隊），首任隊長為陳為潮。基隆的康總雜技隊長李鳴退休，由演劇三隊的張復生接任。

張復生要接雜技隊。他跟我商量，希望我也調雜技隊。他對中國特技藝人的舞台動作有意見，這倒是跟我有同樣看法，他希望我協助他，整頓雜技隊，我同意了。

我跟張復生到了基隆，雜技隊是設在海軍醫院一座倉庫裡，每間房隔得很簡陋，好像是難民營。

李鳴隊長說的一口京片子，他那位後來成為「氣功大師」的兒子李鳳山，還是個二、三歲的小孩。李鳳山的妹妹，以後成為「玉女明星」的李潔如，還在餵奶。

隊裡有一位與我是上海同鄉的老友何方，是唱抒情歌的能手，他的母親是大陸著名演員舒繡文。他的第一個話劇本《百鳥朝鳳》就在雜技隊完成的，後來他離隊搬到台北，陸續完成了幾部經典之作，尤其是《暴風半徑》轟動全省。他轉進電影界後，編導多部電影，成績可觀。隊裡的演出組長吳敏，是樂隊的鼓手，他太太藍茜歌唱得好，他倆最小的女兒就是後來紅遍兩岸的伊能靜。

五人樂隊裡那支小喇叭手吳志剛，為我演唱的Seven Lonely Days設計了一段前奏，很不錯。張煜的魔術，可能是師承李鳴。林永華與吳成焜的中國特技，技藝還夠水準，表演完後伸出一隻手，同時喊了一聲「嗨！」沒有西洋特技藝人謝幕時的優美。張復生曾與兩人溝通，希望他們去學芭蕾，但為他們拒絕。他們認為這是中國特技的傳統，不能更新、擅改。

好啦，我調來雜技隊的目的消失，我決定離開。

毛老師的連絡人李中校又來找我，是打聽吳敏與何方在隊上的情況。引起李中校對兩人懷疑是因為吳敏的父親是大陸的「匪幹」，何方的母親是大陸著名演員。據我所知，兩人都沒有與大陸家人連繫。我告訴李中校，吳、何兩人都是忠黨愛國之士，毋庸置疑。

總隊部二科科長岳耀遠希望我去二科上班，這是我求之不得的。我當然欣然答允了。

不到一星期，我收到調職的命令。

30

岳耀遠在調康總二科科長之前，是五十二軍政工隊長，駐地就在康總附近的圓山，我曾多次從南部跑到台北探望他，因此也認識了該隊周經武、沙麗文、苗天等演技優異的好演員。他們演出劉垠編劇的《天倫淚》時，基於對劉垠的好奇，特別去看了一場。劇本寫得確實不錯，周經武演共黨的隊長，在「反共劇」中罕見的正派人物。苗天演共黨副隊長，一個小反派角色，兩人演來都很傳神。

康總二科的隔壁是第三科，主管三軍音樂，由作曲家李中和掌舵。

他經常在大禮堂的那架大鋼琴前彈琴試音、譜新曲。有時我在大禮堂遇見他，打個招呼，請教他歌詞寫作的技巧。

我住在單身宿舍，與老牌演員龔稼農同一室。他經常在深夜把我從被窩裡拉出來，陪他到圓山火車站後面的小吃店吃消夜。每人一碗牛肉麵，一瓶當歸酒，吃完喝足了，兩人跌跌撞撞的走回宿舍。到了宿舍後，我的「受罪時間」也開始啦！

他從櫃子裡取出一本破爛不堪的照相簿，一頁一頁的翻給我看，不看還不行。

「這是民國十——十二年——我跟——楊耐梅——主演——」

「這是——胡蝶——跟我——在民國十——十——」

「你已經給我看了八遍啦！」我真有點受不了。

沒辦法，換房間吧！

換的那間，跟幹校一期的陳順周共住，他正在替龔老寫自傳《銀海三十年》。總隊長龍芳調往台灣電影製片廠長，御任廠長袁叢美在台北與黨國元老吳稚暉、張道藩等合組「華僑電影公司」，先後開拍了《阿美娜》、《魔窟殺子報》、《良心與罪惡》，女主角都是他的太太夷光。

台北出現了一家「中國電視工程傳習所」，工程科正在招生，康總的葉超、黃樑都報了名。

一般人對「電視」究為何物的時代，雖然在張仲智、胡思良以及中廣公司曾作多次電視試播，「教育與文化」週刊上刊登過「電視專輯」，向國人介紹淺顯的電視原理，但一般人對電視功能尚在襁褓階段㉖。

㉖參見王唯著《透視台灣電視史》，第十七頁，中國戲劇藝術實驗中心出版，二〇〇六年十月初版。

「中國電視工程傳習所」的創立，開班授課，應該是台灣電視教育的濫觴吧。因為「光啟社」與「台大視聽中心」合辦的「第一期暑期電視講習班」，是一九六一年七月十七日開班，比一九五七年二月廿四日開班的「中國電視工程講習所」晚四年五個月，中國新聞界耆宿成舍我的世界新聞專科學校，於一九六二年增設了在大專院校中首創的廣播電視科，它比「中國電視工程傳習所」又晚了五年㉗。

四十九年後的二〇〇六年，當我撰寫《台灣電視史》時，訪問了世新老同事陸維承教授，台視資深導播葉超，他們兩人都是「中國電視工程傳習所」第一期的學員，他們提供了創辦人俞祖禎傳奇性的軼事。

俞祖禎創辦了台灣第一家電視講習班後，又替教育部翻譯了一本《電視工程》，撤下了台灣電視的第一粒種子，在同一時期，交通大學電子工程研究所師生們研製出一百瓦電視發射機一台，在俞祖禎師生四十餘人協助下，在台北南海路國立教育資料館頂樓，建立了台灣第一家無線電視台——教育電視實驗台，該台在一九六二年二月十四日開播。當日本技術合作的台視在同年十月十日開播時，俞祖禎的「不求外力來建台」的理想破滅，他婉拒了台視聘他為工程部副主任，卻在三餐不繼的困境下，黯然揮別台灣㉘。我在書上形

㉗ 同上，第十九頁。
㉘ 參見王唯著《姜龍昭評傳》，第四十七至四十九頁，行政院文建會出版，二〇〇六年七月初版。

容他是「希臘悲劇的英雄」。

我是一九五八年七月初自基隆的雜技隊調來總隊部二科的，一個多月後的八月二十三日，中共解放軍於下午五時三十分開始，用數百門大砲對金門及附近諸島，在短短八十五分鐘內，共發射了三萬枚砲彈，砲戰持續到一九五九年一月七日，總計發射了四十多萬枚砲彈。此次戰役，史稱「八二三砲戰」㉙。

基隆的康總雜技隊在砲戰期間，奉命飛往金門前線，作為期半個月的勞軍，任務結束後，全隊平安歸來。

自從調到總隊部二科上班，可不能像在演劇隊那麼「逍遙自在」了。岳耀遠科長每天一早就來上班，我總不能遲到吧，後來慢慢發現，科裡有幾位資深的會「技術性溜班」。三軍及警總、聯勤、軍團部都有康樂大隊，是我們輔導的對象，他可以說一句：「我要去某某單位看看」就一溜煙的走了。或者請一小時事假、半天病假，一天就不見人影。這種「溜班」情況是「與日俱增」。據我所知，他們都在電影界兼差，一位姓周的是著名燈光師，一位姓張的是資深演員，另一位姓金的是資深編導，他們的「溜班」看在岳科長眼裡也無可奈何，只有睜一眼閉一眼，裝沒看見。

㉙參見王御風著《圖解台灣史》，第一八一頁，好讀出版公司出版，二〇一〇年七月初版。

香港電影界的一位親戚王龍飛來台灣考察電影市場。他是製片人，拍過不少通俗電影，想在台灣拍戲，我是從報紙上獲得的消息。

有一天，他突然由製片協會理事長丁伯駪陪同下，來到康總找我。他不是來看望我的，憑他的「身價」，我這個小角色算什麼？雖然在輩份上，他應該叫我小叔，他是要我介紹李中和給他認識，希望李為他下部「文藝片」裡作曲。

眾所周知，李中和是反共歌曲的作曲權威，台灣流行的反共歌曲，幾乎多出自他的手筆。他適合在文藝片擔任作曲？

丁伯駪看到我猶疑的神情，他說話了：「他的藝術歌曲作得很好，像那支『白雲故鄉』，幾乎人人都會唱。」

當天晚上，王龍作東，在中正路圓環旁的「老正興」請客，主客當然是李中和，我和丁伯駪是陪客。

席間，王龍突然問我：「你在康樂總隊的工作忙不忙？」

「還好，不太忙。」

「我有一位朋友，是大力士王邦夫，下個月要來台北表演。你在新聞界躭過，可否在公演期幫他發發稿，開開記者會。」

「應該沒問題。」

「好，到時候他會跟你連絡，你務必幫忙，他會付你酬勞的。」

王龍這次來台北，還幫香港演員白光隨她主演的《一代妖姬》影片登台，他當司儀。有一次王龍登台時，不小心從舞台的台階上摔下，骨折送中心診所急診。我從晚報上獲知消息後，抽空到廣州街的中心診所看望他。一週後，他出院返港。

王邦夫來台北是住統一飯店，他打了一通電話給我，約我下班後在統一的咖啡座見面。他的上海腔普通話告訴我，在台灣表演的檔期已經排定。先在高雄表演三場，然後在台南、台中各兩場，最後在台北三場，表演場地都在當地的體育場。因為表演中有一項是臨時向觀眾借用兩部吉普車，在現場背向停靠，相距五十公尺，王邦夫站在兩車之間，兩條粗繩子繫在兩部車後的保險桿上，王邦夫雙手緊拉粗繩的另一端，一聲令下，兩部車同時一檔開動，車輪在原地打轉，車身被王邦夫拉住不動。這種表演方式必須在空曠的地方。

好啦，這可傷了我腦筋，王龍不是說在台北表演？台北三場沒問題，我可以比照那幾位資深科員的「技術性溜班」；可是，高雄、台南、台中那些天不適用這種方式。怎麼辦？正式請假吧，病假、事假統統請完。我託康總一科的趙世馨幫我辦理，他一口答應。

我與王邦夫一行人到了高雄時，當地的中國晚報與台灣新聞報已經將我寄給他們編輯部的新聞稿刊登在顯要版面。我們住進高雄圓山飯店後，徵信新聞、中華日報、聯合報先後派記者來採訪。我告訴大家，明天上午九點有記者會，希望大家光臨指教。其實他（她）們早已接到記者招待會的請柬，他（她）們提前來飯店採訪，是想獲得「獨家」。畢竟，「大力士」來台灣還真是「新聞」呢。

王邦夫環島表演結束，我回到康總宿舍，趙世馨來找我。

趙：（一臉歉意）你去南部期間，我先替你請事假兩天，岳科長批了。第三天，我填了病假三天的單子給岳科長簽字，他不簽了——

我：（有點急了）為什麼？

趙：他說，請病假要有公立醫院診斷書。

我：那——你怎麼辦？

趙：我就把病假改為事假——

我：事假應該沒問題了。

趙：他問我，你到哪裡去了？在幹什麼？

我：那你怎麼說？

趙：我說你去南部辦事，臨走前託我替你請假。

我：結果呢？假條他簽字沒有？

趙：他不簽，說要你自己來辦請假手續，別人不能代理。

我：（緊張了）那麼，這半個月都沒有請假？

趙：岳科長已經簽呈總隊長，說你擅不到公，要報國防部。

事情已經發展到這種狀況了，其結果一定是凶多吉少，事情也擺明了，岳耀遠在整我！他們可以在外面兼差，我就不能！

年輕氣盛，加上一股怨氣，第二天一早，我踏進辦公室，準備向岳科長興師問罪，但赫然發現，科裡座無虛席，全部到齊。

岳耀遠的「殺一儆百」效果顯著。

國防部的一紙撤職退役令，我離開了軍職。

31

我在一九五九年初離開康總時，我敬重的幾位大哥都已先我離職。劉碩夫在幫李曼瑰搞「小劇場」運動，馬驥與台製廠簽了導演兼演員合約，張方霞在獨立製片公司當導演，彭行才在藝專授課，陳汝霖也在一家電影公司擔任製片。

我與毛老師連繫，向他報告我的近況，他約我到他一處辦公室見面。

那間小而雅緻的客廳，空氣裡飄浮著咖啡的醇香，那是從小廚房散發出來的。我坐在小沙發，從上衣口袋掏出一包駱駝牌香煙，抽出一支後點燃，吸了一口。劉秘書從廚房裡端了一杯咖啡，輕放在我面前的茶几上。

劉：（微笑）毛將軍馬上出來，請稍候。

我：謝謝！

毛老師從裡面神采煥發地走出來。

我：（站起）毛老師！

毛：（手一揚）坐，（自己也坐在我旁邊的小沙發，目光炯炯地看我）你在康樂總隊有五六年了吧？

我：（想了想）有。

毛：這五六年學了些什麼？學會了抽煙！

我：（尷尬地）我——我在演劇三隊經常演匪幹或花花公子一類的反面角色，導演要求在戲裡要抽煙——好像反派抽煙已經成為公式。抽著，抽著，抽上了癮。

毛：（感慨地）你還想改革戲劇，結果，是戲劇改革了你！

我：（語塞，臉有愧色）——

毛：（語轉溫和）好了，不談這些。你住的問題解決

毛老師伯奇將軍（1903-1998）

了嗎？

我：我暫時還可以住康總宿舍，明天我想去中華路大廟附近找房子。

毛：影劇工作太不穩定，沒有保障。（稍頓）我安排你去藝專教一門課，好不好？

我：（高興地）那就麻煩老師。

毛：教哪一門課？

我：編劇、導演，或者「戲劇概論」都可以。

第二天，我在中華路大廟旁，租到了一間十坪大的房子，一房一廳，還有一間小廚房。回到大同街康總的宿舍，將行李與一隻皮箱整理好，於是找總隊部的駕駛老李，請他開車送我到新居。住的問題總算解決了。

在毛老師的推薦下，我在藝專兼了一門「劇本選讀」，每週一次兩節課，兩學分，鐘點費夠我生活。

在藝專每次下課時，都會遇見康總退休的彭行才與來台灣接收電影工業的白克。他們兩人一個教「戲劇導演」，一個教「電影導演」。彭行才對戲劇導演功力深厚，台灣很多大型話劇大多由他執導。白克對電影蒙太奇的研究精深，他是台灣光復後「影評」的創始者，影評言簡意賅。在他導演的兩部閩南語電影《黃帝子孫》與《瘋女十八年》裡，充溢白克蒙太奇的影子，流暢而富意念。

不幸的是，他在一九六二年拍攝《龍山寺之戀》時遭警總收押，一九六四年二月二十二日以「匪諜」罪判處死刑離世。若干年後，製片協會的理事長丁伯駪託一位朋友在北京問過時任文化部副部長的司徒慧敏：「白克究竟是不是共產黨？」司徒的答覆：「見鬼，白克怎麼會是共產黨。」

李曼瑰與劉碩夫推行的小劇場運動，正如火如荼的展開，我參加了幾個戲的演出，也經由毛老師的促成，創立了「中國戲劇藝術實驗中心」，首演戲是張道藩改編自雨果㉚的《狄四娘》，全部啟用非職業演員，以招考方式錄用了二十多位大專影劇科系的學生。那批年輕人熱愛戲劇，沒有社會的惡經驗，有可塑性。經過了兩週的集訓後，借西門町的一所國小教室開始排練。我在作導演計畫時，將劇本一再修改。排練期間，時任立法院長的張道藩

白克（1913-1964），台灣光復後，來台接收電影機構的白克，後以「匪諜」罪槍決。

㉚ 雨果（Vietor Hugo, 1802-1885）法國文學家，浪漫派泰斗，曾被選為學士會會員及國會議員，死後舉行隆重的國葬。著有戲劇《歐那尼》、小說《巴黎聖母院》及詩與傳記多種。

三次探視我們，直說：「排得好！排得好！」

《狄》劇在台北女中公演三場，觀眾寥寥。

毛老師投下的一萬元不見了，我付出的心力也白費了。

我住的那間小屋，平常高朋滿座，其中不乏以後成為著名的人物。

有一天，范士達來吃午飯，我特地買了一瓶高粱酒，一碟滷菜招待他。

酒過三巡，他開腔了：

「有一個老朋友，想投資拍部電影，要我找一位編導。」

范大哥愛喝酒，常常說酒話，我不在意的說：「那你幫忙找一位給他吧。」

「我介紹你去擔任編導。」他把杯子裡剩下的一點酒，頭往後一揚，一口喝下肚。

「我？可以嗎？」

「當然可以！」他站起來，搖搖晃晃地走向大門，回頭丟給我一句話：「明天——聽我消息！」

明天聽他消息？范大哥的酒話，只能聽聽而已。

第二天一早，何方帶來一本《五對半》話劇本給我，說要排這個戲，要我演一個角色。

「五」劇是何方繼《百鳥朝鳳》後的第二個劇本，由井淼導演，下週一開始排戲。

何方剛走，范大哥來，他帶來一個消息，說他那個想投資拍戲的朋友，今天中午請我在老正興吃飯。

我半信半疑地跟著范大哥，步行到老正興。那位范大哥的朋友已經坐在那裡等我們。經過介紹，是經營一家小戲院的劉老闆，曾經投資拍過一部閩南語電影，賺了點錢，現在想拍一部國語片，問我有沒有好的題材。

「題材倒是有一個，不過，看你敢不敢嘗試。」

「是哪種題材？能不能說明一下？」

「我構想中的一部電影，跟目前的台灣電影截然不同。」我向劉老闆解釋：「台灣電影大約分五六十場戲，六七百個鏡頭，節奏慢。我構想的這部戲大約至少一百五十場戲，一千幾百個鏡頭。我不用淡出、淡入，而以cut跳接方式，運用蒙太奇來呈現。」

「我們不懂蒙太奇，究竟是啥玩意？」劉老闆問。

「蒙太奇是英文Montage直譯出來的，是一部好電影必須具備的，它是一種藝術性的剪輯，不同於一般的剪輯。」我繼續解釋：「我構想的故事是描寫黑社會的恩怨、仇殺、打鬥、節奏明快。這個構想，是受到多年前看過的一部石原裕次郎主演的日本電影的影響，如果劉老闆要拍，我可以馬上開始寫劇本。」

劉老闆居然心動了，決定要拍這部電影。我為這部電影取了個象徵的片名：《藍裙》。一個喜歡穿藍裙的女孩，故事就是從這件藍裙子展開了一件聳人聽聞的兇殺案。藍裙，象徵「希望的毀滅」。

劉老闆跟我研究一些製片方面的問題。他說，因為資金拮据，所以導演費不付現金，而以十五萬元的折價作為投資，佔股四分之一，底片只能給我一萬五千呎，而且要我在十二個工作天殺青。

我告訴他，我這部戲有一百多場，一千多個鏡頭，所以在十二個工作天拍完是不可能的。

他說：「有的導演十天可以拍一部電影。」

我說：「那是粗製濫造！」

范大哥居中說話了：「這樣吧，二十個工作天拍完，趕一趕嘛。」范大哥拍拍我的肩膀。

劉老闆同意了范大哥的意思。臨走時，還撂下了一句：「盡可能拍快一點，多拍一天，要多花多少劇務費啊！」

《藍》片由范大哥製片，他深知我個性，演員除了馬驥與歐威是硬裡子，其他全部起用新人。

何方的《五對半》話劇沒法演了，我推薦了王菲給井淼。王菲比我更適合演這個小反派角色。

劇本寫好，開鏡，內外景全部在北部實地拍攝，范大哥預定的二十個工作天，結果拍了三十一個工作天，劉老闆直跺腳，差一點要換導演。片子後製期間，劉老闆忙著與台灣、星馬地區片商談版權賣斷事宜。當片商們看到演員卡司多是新人，導演也是新的，所以意興闌珊，說是等看了試片再談。

劉老闆決定不賣台灣版權，他說服了幾家戲院老闆，以四六拆帳方式，自己來發行。台北首演之日，他約我到戲院對面一家冰果店，看看電影賣座情況。我們沒有看到「排隊買票」，只見零星的觀眾購票。兩天下來都是如此，戲院老闆見賣座奇慘，要求提前下片。

那部電影的星馬版權，也賣得不如理想，劉老闆血本無歸，我也跟著倒楣。台北某晚報影劇記者發了一則新聞，大標是：「王唯自製自導」，副標用大號字：「差點自殺！」我年輕氣盛，第二天中午晚報發稿時間，找到了那位發稿記者，打得他鼻青臉腫。那位被打的記者，在新聞界是有名的「惡霸」，後來我們竟成了「好朋友」。

一九六〇年，台灣發生了令人震驚的政治事件。一批由大陸來台灣的自由派人士如胡適、雷震[31]等人，當初是「擁蔣反共」，於一九四九年十一月二十日創辦了《自由中國》

[31] 雷震（一八九七至一九七九）浙江湖州長興人，早年留學日本，並於一九一七年加入中華革命黨。一九二三年畢業於名古屋第八高等學校，進入帝國大學法政學科，主修憲法。一九二六年回國，曾任湖州中學校長、國民政府法制局編審、教育部總務司長。抗日戰爭中他獲得蔣介石的信任和提拔，擔任

半月刊，因蔣介石試圖三連任總統，違反了憲法中總統只能連任一次的規定，雷震與台灣在野人士共同連署反對，《自由中國》被查封。九月四日，雷震、劉子英、馬之驌、傅正等被捕，軍事法庭以「包庇匪諜，煽動叛亂」罪名，判了八年、十年不等的徒刑。

離開康總已經有一年多了，在台北影劇圈裡築夢的日子也不好過，圈內陋習依舊，許多從業員仍然動作誇大、出口成髒，一時衝動，寫下一千多字的《重建影劇界結構》，寄投台灣新生報刊登，文中呼籲影劇從業員應建立公眾人物美好形象，也籲請設有影劇科系的學校，加強學生品德教育。

帶著一身沮喪，我面會了毛老師。

國民參政會副秘書長、政治協商會議秘書長。一九四七年當選國民大會代表，同年四月出任張群組閣之行政院政務委員。一九四九年他與胡適、王世傑、杭立武等籌備在上海建立《自由中國》雜誌，並曾赴溪口向蔣介石報告，取得其贊同，但因中共解放軍渡過長江威逼上海而未成。一九四九年十月，雷震赴台灣，與時任教育部長的杭立武討論辦刊，由杭出面資助，於十一月二十日出版《自由中國》半月刊，在美國的胡適為發行人，雷震為實際負責人。

《自由中國》初期之「擁蔣反共」，與蔣介石關係密切，自從一九五一年六月的《自由中國》刊登夏道平執筆之社論「政府不可誘民入罪」，引發第一次言論風波。政府在獲得美援後，自由派人士重要性減弱，雷震與蔣介石關係也漸行漸遠。一九五三年雷震即遭免除國策顧問等職。一九五四年底，《自由中國》刊登讀者投書「搶救教育危機」，引發國民黨不滿，雷震被註銷國民黨籍。一九六〇年，雷震與港台人士連署反對蔣介石三連任總統，並籌組「中國民主黨」，自任秘書長。九月四日，雷震被捕，以「包庇匪諜、煽動叛亂」罪判刑十年。

毛老師建議我到美國進修，取得學位回來教書。

「要重建影劇界結構，你這一代是不可能的了，只有寄望下一代來實現你的夢想。」毛老師可能看到我在新生報的文章。

「教書，到影劇科系教書，才能實現你的夢。」

毛老師鼓勵我去美國唸書，他負責我在唸書期間的全部費用。

我從美國友人寄來的許多大學影劇系所資料中，選擇了加州州立大學，學分費比較低，課程的安排也令我滿意，主要的原因是加大同意我以藝專影劇系講師身分，在職進修拿碩士學位。

加大碩士班須修滿三十個學分，其中包括必修課六學分，專精領域選修九學分，其他十五學分除可以在校內其他系選修外，也可在校外選修，美國教育制度的靈活，令人欽佩。因為藝專出具了一張我在學校擔任「電影哲學」的課程證明，被加大視為重要學分，我少修好幾個學分。

自由中國，第九期，恭祝總統七秩華誕。雷震（1897-1979）

當我在好萊塢實習期滿，拍完了一部十六釐米的短片，在不到一年的時間內，我拿到了學位。

值得一提的是，在好萊塢實習時，認識了美國踢踏舞王金凱利，當他知道我會跳踢踏舞，主動的約我到他家，請我吃飯，並且教我幾套踢踏舞的花步。這是我在美國的一項意外收穫。

回到台北，向毛老師報告了在美國進修的詳細經過。毛老師表示要為我安排在藝專專任，目前暫時可以住在他那間不常去的小辦公室裡的臥室，等工作安定以後再找房子。

藝專去專任的消息，隔沒多久就來了。毛老師告訴我，目前沒有專任的缺，要等下學年。他要我暫時可以住下去，沒問題。

台南一位老友是虔誠的佛教徒，來電說有一家寺廟的主持，想請我講課。那位出家人認為，借戲劇的震撼力，來闡揚佛理，是最佳的方法之一。我聽了老友的那番話，毫無考慮的跑到台南，經老友的介紹，認識他的好友出家人。他邀我在佛經班裡排了「戲劇概論」、「編導學」、「表演學」三門課。經三個月的授課，三十幾位學員已經學到了編劇的初步技巧，集體創作了一個短劇，經排練後在結業典禮之後演出，觀眾反應極佳。

結束了台南的行程，我順道到左營高雄煉油廠汪厚仁家小住幾天。我遇見了話劇社的陳乃善與鄧世明。陳乃善時任材料課長，他極力勸說我進廠工作，並指導話劇社的運作。

汪厚仁也希望我進廠工作。他說，廠裡上班，遠較影劇界安全、有保障。他介紹基金課長儲京之給我認識，儲表示，課裡正好缺一名額，我在多人勸說下，想想幹影劇工作，確實一點沒有保障，何況，我對影劇界的期盼是失望的。而國立藝專的專任還要等很久才有決定性的消息。最後，我決定接受他們的建議，進了高雄煉油廠會計組工作。

32

成為「中油人」後，台北影劇圈內一片譁然。有人羨慕，有人訝異於我為什麼要改行？過去幹戲的老友在高雄的仍有不少，張復生在第二軍團當康樂大隊長，周奕在他轄下任話劇隊長。劉維斌、上官亮在海軍康樂大隊話劇隊，徐毓生則是他們的上司——副大隊長，還有一位老大哥歸來在海軍電台當台長，他的女兒歸亞蕾在藝專唸影劇科，暑假一定跑到煉油廠的俱樂部吃冰棒。有一年，她與汪麗玲、蘇菲莉當選高雄區「中國小姐」，她寫了一個《三千金》的話劇本，歸來想要演這個戲，由新當選的三位「中國小姐」來演。他在海軍軍區裡的一家幼稚園借了一間大教室，每晚六至九時排練，請我導演。第一天晚上排練時，汪麗玲遲到半小時。第二天晚上又遲到一小時，我當場宣佈不排這個戲了，《三千金》因此無疾而終。

海軍總部的話劇隊經常缺演員，我就被徐毓生請去演了三個戲。煉油廠的話劇社是由陳乃善與鄧世明負責的，有一次開會決定排演我編的喜劇《花落誰家》，排了一半，因為「人事」方面出了問題，不排了，後來《花》劇在中國晚報連載了兩個月，由李達海與孫庚年兩位煉油廠的主管投資出版成書。後來教育部的中華實驗劇團首演於台北藝術館，我在香港的一位同學把它改編拍成電影。

《花》劇還有一個小插曲。有一天，報載香港老牌演員王引在台灣開拍電影《花落誰家》，由歸亞蕾主演。劇本是小說作家瓊瑤改編自她的《三朵花》。我與律師研究結果，認為可依著作權法第二十五條第一款的規定，請王引更改片名。因為我的「花落誰家」曾在報紙連載，又出版成書，還由公家劇團公演，最後又改編拍成電影《花落誰

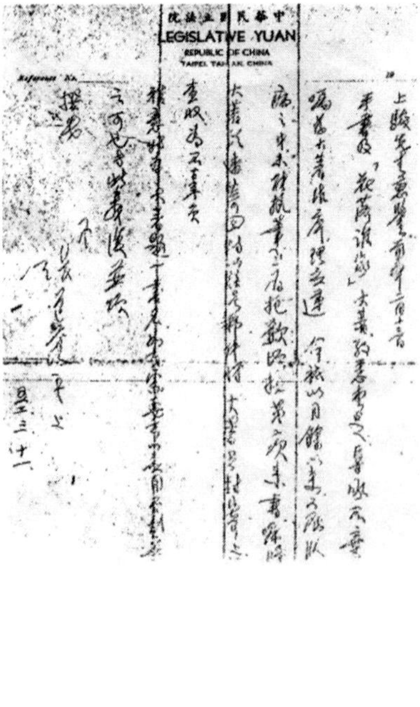

立法院長張道藩推薦王上駿（本書作者）之親筆函。

家》。我發函王引與瓊瑤，表明我嚴正的立場與態度。瓊瑤回信推得一乾二淨，說是拍攝公司取的片名，與她無關。王引看到各報刊登了「花落誰家鬧雙胞，王唯促更名」的新聞，他是緊張了，馬上拜託歸來跟我求情，希望我不要逼他改片名，因為他已經花了不少錢在宣傳上，劇照、海報也都已印好，如果一旦更改片名，等於從頭再來，那要花一筆他無法負擔的費用了。

在歸來熱心斡旋下，我的姿態終於軟化。

在歸來作東的晚宴上，我們這位影壇老牌，由他的老友范大哥陪同下，從台北趕來高雄，舉杯向我致意道歉。我能說什麼？只有連聲說：「事情已經過去，不談、不談！」

《花落誰家》劇名鬧雙包，各大媒體爭相報導。

我在煉油廠跟一些年輕單身漢過從甚密，像蔣榮德、關永實等都是活躍分子，偶而也去高雄跳舞。廠裡有次過聖誕夜，辦了一次舞會，我把陸戰隊康樂隊的九人樂隊找來幫忙演奏。

有段時間，我與中國晚報的溫總編、記者余聰點、中國時報的鄭牧野等相約去聽歌、跳舞。也經由他們的介紹，認識了刑警隊的張隊長。有一次，老余、老鄭、張隊長與我四個人去一家新開幕的歌廳聽歌，正好坐滿一桌。不久，進來幾個客人，其中一人是陸戰隊體育組陳桂林組長的部屬、「亞洲拳王」張羅普，他過來跟我打了招呼後坐另一桌。

「亞洲拳王」的封號，是報紙給他取的。在一次亞洲運動會上，他是打「中甲級」的，因為沒有對手而得名。

張羅普坐定沒多久，有一個少年跑近他跟他說話後就隨那少年一起出去。隔沒十分鐘，張羅普頭破血流跑進來，張隊長馬上電請附近的派出所派人支援，自己也出去探看情況。原來是七賢幫的少年為了張羅普多管閒事，影響了他們的利益，給他修理了一番。少年七人被抓進分局後移送，張羅普上縫了十幾針。

從前在鳳山日本老師那裡一起學踢踏舞的高中生張明華，早已從海軍官校畢業出來，現在海軍軍區上班，他經常下了班來找我。有一次，他帶來一位他的海官同學，原來是台南五〇四廠經理室的傳令尚永年。永年當兵期間考取了台南一中夜間部，畢業後又考進海軍官校五十一年班，與張明華同班，現在艦艇上擔任補給官。

張明華有時帶我去左營的海軍聯誼社跳舞、聽歌，認識了他的同學譚如卓，譚是海軍爆破二隊隊長。自從認識他之後，可熱鬧啦，爆破二隊隊慶、海軍官校校慶，任何節日的節慶，連他們隊上的迎新、送舊、加菜，都會請我參加，所以爆破二隊裡的官兵我都很熟，尤其有一位叫「小羅」的跟我特別有緣，經常在我下班前打電話到我辦公室，約我下班後在左營見面。

年輕人的精力過剩，在白天繁瑣枯燥的八小時之後，到了夜晚就找機會宣洩殆盡。每當我夜遊歸來，帶著一身疲勞倒在床上，閉目回溯剛才短暫的歡樂時刻。我想到在美國進修時，一位日裔美籍老師，課後在校區裡與我一起散步時，感嘆地說：「在這個忙碌的世界上，對於『閒蕩』的生活，會感到慚愧。」

我又想到當年從事影劇的初衷。

我現在過的是什麼生活？是歲月的浪擲，是生命的摧頹！我曾經是個築夢的人，夢想是不能定格的啊！從現在起，我要減少「閒蕩」，去從事一些有助於我「夢想」的工作。

我開始構想我醞釀已久的一個故事，想把它寫成中篇後再編成電影劇本。

中篇小說《劇終》三十幾個夜晚就完成，投寄「文壇」後一次刊完。發行人穆中南在該期的「每期的話」中的評語是：「王唯的《劇終》，題材陳舊些，但對於抗戰時期劇人生活的影子，寫得很逼真。」

天曉得，抗戰時期的重慶，我連做夢都沒夢到過，完全靠資料與想像寫出來的。至於說，題材陳舊些嘛，要怎樣新？難道要裸奔？

有一天上班時間，那位在海軍聯誼社唱英文歌的吳敏突然到煉油廠找我。吳敏的英文歌唱得好，是上海同鄉，他的舅父又是我康總的副總隊長，所以對他有特別印象。

他告訴我，最近左營開了一家歌廳，他已經跳槽過去。老闆的構想要演歌劇，吳敏就向老闆推薦了我擔任編導，要付我優厚酬金。

他說的所謂「歌劇」，當然不是聲樂家演唱，交響樂團演奏的Opera也不是要我新編歌詞，撰寫戲劇動作，再找作曲編曲的歌劇，而是就歌廳裡的歌星所擅唱的歌，把它串連起來，編成一個故事的「歌劇」。

這可難了，比新編歌詞，新編戲劇動作要麻煩多了。

我決定不放棄這次機會，這是我的新嘗試。

我要吳敏提供歌廳駐唱歌星的名單與擅唱的歌名，他當場開給我一張清單，我知道吳敏愛唱我常唱的I Need you now我也知道派娜娜常唱Seven lonely days對了，我可以安排一個公園一角的場面，派娜娜踽踽獨行，邊走邊唱Seven lonely days唱完後，孤獨一人在椅子坐下。吳敏上，向派娜娜示愛，唱I Need you now兩人攜手，轉圈。依銘的一首招牌「春風它吻上了我的臉」從幕後輕快地唱出。依銘跳躍著出來，見兩人——劇本在邊查歌譜、邊設計歌與歌之間的連接、設計動作與對白，耗時十個晚上，終於出來了一本演出約半小時的《雨過天晴》的劇本。戲裡，吳敏與派娜娜是一對情侶，我製造了兩人之間的一場糾葛，後來誤會冰釋，言歸於好，終於雨過天晴。

我把劇本交給吳敏去找人刻鋼板、印刷、裝訂成冊，分送各歌星，要她們看劇本，準備排練。

白天我要上班，所以排練安排在每天晚場九點結束之後。我下班後，吃了晚飯，搭俱樂部的高雄交通車，到左營下車，步行幾分鐘就可以到達歌廳。

排練期間，連日惱人的陰雨綿綿。戲排好完成彩排時，雨雖然停了，但穹蒼一片陰暗，好像隨時可能還會下雨。沒想到三天後的《雨》劇公演之日，居然是晴空萬里，雨過天青了，歌廳老闆高興得跳起來，認為是吉祥之兆，立刻叫人在公演海報上，報紙廣告裡加上一句：「雨已過、天已青。請來觀賞本廳由全體歌星主演，名劇人王唯編導的《雨過天晴》。」

這個所謂「歌劇」的《雨過天晴》，居然爆滿了十八天。老闆堆滿笑容，奉上了一個大紅包給我，連連道謝不已。

某天，上班時刻，桌上的電話響了。

我：（接電話）這是基金課。

聲音：你是老王八！

（哪個混蛋打來的？）

我：（無名火起，大聲地）你是誰？

聲音：我是李文梯。

（李文梯是煉油廠管理副廠長，他那口濃重的福建國語，將「你是老王吧？」最後那個猜測語氣的助詞「吧」唸重了，我誤聽為「八」。）

我：（十分歉意地）對不起，李先生，我不知道是你。

李：沒關係，你有一位影劇界的朋友在我辦公室，你過來一下好嗎？

我：是，我馬上過來。

在李副廠長辦公室，台北來的穆虹赫然在座。她目前在台北新南陽劇場公演何方編劇的《暴風半徑》，賣座鼎盛，一週後要南下高雄公演，她是禮貌性的向她的李公拜謁。

不久前，報上還報導了《暴風半徑》在新南陽公演中途，後台掀起了「暴風」，穆虹與金石兩人在後台大動干戈，在記者誇大宣染的報導後，弄得社會沸沸揚揚。不過，據何方告訴我，兩人在後台只是小小的口角而已。

《暴風半徑》是何方今年繼《愛與罪》、《街頭巷尾》之後，一年內台北演了他三個劇本。他當年創作力的旺盛，令人欽佩。

毛老師來高雄了，住在圓山飯店，他約我下班後到他那裡共進晚餐。在他房裡，侍者送進兩份牛排餐，我們邊吃邊談。

他告訴我，台北有一家「台灣電視公司」正在籌備，他有位朋友俞濟時的女婿叫周天翔是未來的總經理。

毛老師說：「有一次我在一個宴會上遇見了周天翔，聊天時候我提起你，他對你很感興趣，說有機會想跟你見個面。」

毛老師也提到了他最近有一段時間，忙於奔波在台北與三峽間。在三峽山區，有一所「反攻大陸」的計畫作業室，有二百多個三軍的菁英在那裡研議三軍聯合反攻作戰計畫。

「老先生對失去大陸是耿耿於懷的。」毛老師說：「他在有生之年，反攻大陸是他夢寐以求的。」

一九六〇年的國慶閱兵大典，朱元琮是總指揮，蔣介石看完軍容裝備後，覺得不錯，所以第二年朱元琮奉派至三峽成立「國光計畫作業室」，籌謀反攻大陸。十年間，國光作業室提出了五類二十六項作戰計畫，包括敵前登陸、敵後特戰、敵前襲擊、乘勢反攻、應援抗暴等。先後向蔣介石提報九十七次。國光計畫在一九六五年達最高潮，六月十七日，蔣介石在陸軍官校召集國軍基層幹部，以「官校歷史檢討會」名義精神講話，預備發動反攻，所有幹部都預留遺囑，軍方選擇最適合登陸戰發起的D日，趁漲潮一舉搶灘。六月二十四日，國光計畫在左營桃子園外海模擬登陸演習，卻造成五輛兩棲登陸車被海浪打翻，數十人殉職，國光計畫由盛轉衰。同年的「八六海戰」和「烏坵海戰」，海軍接連慘敗，讓蔣介石逐漸死心。反攻夢醒，國光計畫規模逐年縮減㉜。

毛老師叫劉秘書安排下，趁我出差台北之便，前往八德路上新蓋的台視大樓謁見周總經理。進入大門，感受到公司員工個個意氣揚揚，忙碌異常。這是一家台灣的新興工業，一批電視拓荒者無不戰戰兢兢在那兒摸索、研究、實踐㉝。

抽雪茄、打領結、蓄平頭的周天翔總經理接見了我，他認為我曾導演過電影，對戲劇導演更有多年經驗，必能勝任電視導播。他有意邀我進台視。

㉜參見王光慈報導，聯合報九十九年六月八日，A9，話題版。

㉝參見王唯著《姜龍昭評傳》，十三頁，行政院文建會二〇〇六年七月初版。

反攻大陸的「國光計畫」主持人朱元琮將軍

進台視當導播？我遲疑了。我對電視播出的作業程序毫無瞭解。

對了，葉超！葉超是台視的導播，我可以向他請教。

葉超很熱心地告訴我，電視的戲劇、綜藝、訪談節目是活動的，不能停止的，導播在副控室裡從三部攝影機拍攝的三個不同角度的畫面中，必須迅速地下達下個播出鏡頭的指令。

「當然，鏡頭的特性你是知道的。」葉超說：「不過，電視的作業方式跟電影不同，鏡頭的取捨是瞬間的，是一項很緊張很刺激的工作，你不妨來試試。」

不必試啦，我知難而退的婉拒了周總的邀約。

我沒進台視，但曾為一個叫《溫暖人間》的劇集寫過戲。也因此認識了編審姜龍昭、饒曉明，成為莫逆。

難得回台北，打了一通電話給中影的劉藝。他正忙於即將在下月初開鏡的中影新戲《薇薇的週記》，他與宗由聯合導演。但中午仍抽暇在西門町一家小餐廳請我吃了一頓。吃飯的時候，他問我有沒有興趣參加明天晚上的舞會。

我：（聳聳肩）興趣是有，可是沒有舞伴。

劉：（想了想）明天給你找一位——（想到了）一位很棒的舞伴。

第二天，我利用一天的時間，在中油總公司辦完了公事，預定明天坐早班火車回高雄。今晚可要輕鬆一下了。

在招待所用了晚餐，洗了個澡，換了衣服，準備下樓坐公車到士林中影片廠。在走廊上遇見從前一起來台灣的老同事老杜，他現在總公司替總經理開車。他問我去哪裡，我說要去士林，他說他可以送我去。我是坐了中油總經理的座車赴會的。

中影片廠的攝影棚內，樂隊正演奏一支探戈舞曲，我與我的舞伴在舞池中婆娑起舞，她熟稔的舞步，輕盈曼妙，全場為之注目。

劉藝為我介紹的那位舞伴姓羅，是中影的助理化妝師。

我恢復了正常的上班。高雄煉油廠成立了資料處理中心，籌備期間，把我調到中心上班。因為電子計算機是向美國ＩＢＭ公司租的一一三〇型，是第二代機器，中心相關人員都必須接受ＩＢＭ公司派來的工程師授課，課程有程式設計、操作、資料控制、打卡等。

電子計算機的英文是computer但是後來范光陵把它翻成「電腦」。「電腦」一詞的中文首創者是台灣的范光陵博士的得意傑作，我認識范光陵是林二博士介紹的，高雄成立「電腦學會」，也是我建議首用「電腦」的名詞。我還邀請他們來講話，並且介紹給奉調來資料中心擔任主任的鄧世明認識。

鄧世明當了我的頂頭上司，他修長的英俊外型，說得一口帶有北平腔的國語。喜愛戲劇，對音樂尤其是古典音樂造詣很深，常以「伍牧」筆名發表樂評，頗有盛名。鄧世明後來在台北總公司退休，擔任「台北愛樂室內及管弦樂團」的顧問，我也在世新退休，他把德國布雷希特㉞的英譯歌劇《三毛錢的歌劇》翻成中文，想把它搬上國家劇院的舞台，力邀我擔任導演工作，且向國家劇院申請，經審查通過。鄧世明表示，歌劇家們的演唱美則美矣，但在舉手投足之間「戲感」總覺施展不開。我說我有同感，他希望我在排練時好好訓練那些聲樂家的演技。

兩個月過去了，沒有鄧世明的消息，打到他在台北家的電話，始終沒人接。有一天，我在中油退休協會黃誠一秘書長處獲悉，他已在美國逝世。生命的脆弱、無常，令人感慨！

33

一九六四年六月十五日，第十一屆亞洲影展在台北中山堂揭幕，十九日下午四點三十分閉幕。馬來西亞代表團長陸運濤喜愛古物，想到台中霧峰參觀故宮存放的國寶，二十日搭乘民航公司C四六型客機在台中以北的神岡墜機。

陸運濤本來有意在台灣投資，建立一個亞洲最大的影城，一場空難改寫了台灣電影

㉞ 布雷希特（Bertolt Brecht, 1896-1956）生於中北歐的巴伐利亞。德國戲劇家。他的戲劇，在表達上突破了支配西方戲劇觀念二千多年的亞里斯多德派的傳統。布氏把他所創導的戲劇形式，稱之為「史詩劇場」。劇作有《三毛錢的歌劇》、《勇敢母親和她的子女》、《伽利略》、《四川好女人》等。

歷史。

我的學長吳挽瀾在高雄救國團擔任總幹事，他找我想開辦「小說創作」與「戲劇」兩個班，要我來負責，招收各級學校的老師與高中以上程度的社會青年，學費全免。我是班主任兼唯一授課老師。班址設在體育館樓下一間禮堂裡，每晚授課三小時。吳挽瀾考慮我每次下課後回左營太晚，所以提供了樓上一間臥室給我。另外三間住的是國中體育老師、詩人朱辰冬、公論報記者鄭牧野。

兩個班都只有辦了一期，因為我調台北而停辦。「小說班」出了一個本土作家楊青矗。「戲劇班」結業時，演出了我在中國晚報連載的《花落誰家》，學員中有幹校七期的李愛壽，有後來成為名導演的金鰲勳。唐勃組長客串演一個中年人，許水德組長管小道具。

《花》劇演了三場，第一場在市政府大禮堂招待各界。在演出前一天，我突然想在一場戲裡，加一些「教育觀眾」的東西進去。我會有這個想法，是因為高雄市有一條很奇怪的馬路，叫「金華街」的，整條街連腳踏車都無法騎進去，滿街都是攤販，人走在路上都會覺得擁擠。明天市政府公演，陳武璋市長是救國團的主委，一定來看戲，我要發揮戲劇的功能，提出這個高雄市的「交通問題」。我通知《花》劇飾演花花公子的金鰲勳與另一演員夏經奇來體育館排戲，加戲如下：

（金鰲勳與夏經奇在談話）

金：我騎了一部維斯巴一二五的機車（作騎車加油狀，誇大地邊說邊跑）從中正路大港浦騎過去，一個左轉彎（金衝向夏經奇，夏經奇往後倒退了幾步，金往左衝後，停住了）前面是一條叫金華街的路，那條「金華街」也真怪，這哪是一條路嘛，連人都走不進去！整條街都是攤販！（面對觀眾說）這是高雄市大港浦的金華街！

第二天晚上，《花》劇在市府大禮堂公演招待各界，我特地在舞台左邊的布幕後安置一張椅子，我坐在椅子上可以鳥瞰台下觀眾席，也可以看到台上的演員表演。在開幕前十五分鐘，我看見陳武璋市長在吳挽瀾總幹事陪同下蒞臨，由接待人員引導下在前排中間的貴賓席坐下，兩人拿著演出說明書在看內容，還不時輕聲交談。

第三聲開幕鑼響了，前台燈暗轉，幕開，戲在進行中，我一邊看台下觀眾的反應，一邊看台上演員的表演。當演到我臨時加進去的那段戲時，陳市長的背往前傾，用心的聽台上金鰲勳誇大的台詞，吳挽瀾臉上也呈現訝異之

金鰲勳

色，劇本上沒有這段戲啊。

劇終人散後，陳市長與吳挽瀾進了後台，陳市長緊握我的手說：「我不知道高雄居然有這條街，我會馬上通知交通與工務單位限期改善。」陳市長激動地加重語氣：「這是高雄之恥！」

至於這條「金華街」後來有沒有獲得改善，我就不得而知了，因為隔沒多久，我已調到台北。

海軍爆破一二兩隊後來合併，擴大編制升格為爆破大隊，首任大隊長李志群，是張明華的學長。譚如卓調海軍軍區另一單位，那位小羅仍留原職，據說最近很忙，經常出任務，屢建奇功，因屬軍事機密，未便詳問。

很久沒有見到小羅了，突然有一天在下班時候找我。兩人在左營一家餐廳吃晚飯。他今天特別高興，叫了一瓶高粱，兩人喝了起來。

「大哥，我曾經找過你，說你出差去了。」小羅喝了一口酒後，把上衣脫了下來，往鄰桌的空椅上一丟。

「是呀，我到台北出差了一個星期。」我說：「我還跳了一次舞。」

「去哪一家？仙樂斯？米高梅？」

「我怎麼會去跳舞女？我是參加了中影公司的舞會，一位老朋友介紹了公司的一位助理化妝師當我的舞伴。」

「中影的助理化妝師？她姓什麼？」小羅急問。

我挾了一塊牛肉送進嘴裡細嚼，回憶地：「好像跟你同姓。」

「那是我妹妹羅小英！」小羅興奮地：「哪有這麼巧的！怎樣？你對我妹妹印象如何？」

「也談不上什麼特別印象，她舞跳得好，長得也漂亮。」

「大哥，你們做朋友，交往交往好不好？」小羅認真地等待我的反應。

「好呀，就看你如何安排了。」我舉杯：「來，乾！」

在小羅安排下，羅小英母女倆趁週末來高雄玩了兩天，小羅全程陪同，並約我一起暢遊壽山、澄清湖。我也邀請母女倆參觀煉油廠，在俱樂部的餐廳裡午餐。羅媽不會國語，但能說一口流利的日語，她以日語問我一些身世、工作之類的事，我也以日語答覆她，小英在旁很少說話，但微笑一直掛在她那張白皙秀麗的臉上。

羅媽母女北返後的翌日，小羅跑來煉油廠找我，在會客室裡，他直截了當的說：「大哥，你對我妹妹的印象既然很好，能不能先做朋友，再談婚姻，你如果——」

「你妹妹對我的印象又如何？你不能一廂情願的要我怎樣。」

「不瞞大哥說，我妹對你的印象好極了，我媽也對你讚不絕口。憑你的人品、外表，任何女孩子見到你多會傾心的。大哥，你們先交往一段時間好嗎？」

「好，我試試看。」我想了想：「我跟她南北距離太遠，先從通信、通電話開始。我出差到台北時候，再找機會跟她見面。」

「這就對了！」小羅喜形於色：「大哥，你已經三十好幾了，該有個家了！」

在小羅的關心與鼓勵下，我開始主動寫信、打電話給羅小英。那時台視公司的編審姜龍昭，介紹「溫暖人間」的製作人朱白水給我認識，朱製作人經常會邀我編寫劇本，我在趁出差台北之便，要去台視找姜龍昭與朱白水，談談有關劇本編寫問題。也會到中影找小英。那時她已內調總公司製片部上班，沒有拍戲跟片時那麼忙。下班後和我共進晚餐，餐後，我們在中影附近的成都路上的「南美咖啡店」喝咖啡。她很少說話，臉部始終淺露微笑的靜聽我說東道西。

34

在四十年代的上海淪陷區，那位曾是我哥的報社老闆，傳奇性濃厚的金雄白，他當過報社記者、律師，辦過報，開過銀行，曾負責上海三青團與國民黨的工作經費，救出抗日分子包括蔣介石駐滬代表蔣伯誠、杜月笙的總管萬墨林等三百多人。勝利後，因與「漢奸」周佛海關係密切而坐牢三年，獲釋後定居香港。一九六四年二月八日那天，香港「春秋雜誌社」轉給他一封掛號信。拆閱下，赫然是汪精衛的對國事的遺言。一疊四張半紙，蠅頭小楷複寫的約五千字，另一張印有「榮寶齋」信紙上汪氏親筆的「最後的心情——兆銘」七字。經金雄白向汪氏的長婿何孟恆，長公子汪孟晉求證，在經過一再研判，這一篇遺言，應是汪氏在逝世前一月，以口授全文由其詩友龍榆生謄正。「最後之心情」為汪氏在病榻上親題。文中歷述他對抗戰的態度，自信是為了拯救國家。所以離諭的原因，則是保全蔣氏。組府的苦衷，為欲與虎謀皮。汪氏最後的立場，應不背「黨必統一，國不可分」的原則。生前的遺恨為未能目睹東北四省的收復㉟。遺言中，囑於國事適當時間或歿後二十年發表此文。

汪氏歿於一九四四年，到今年已屆二十

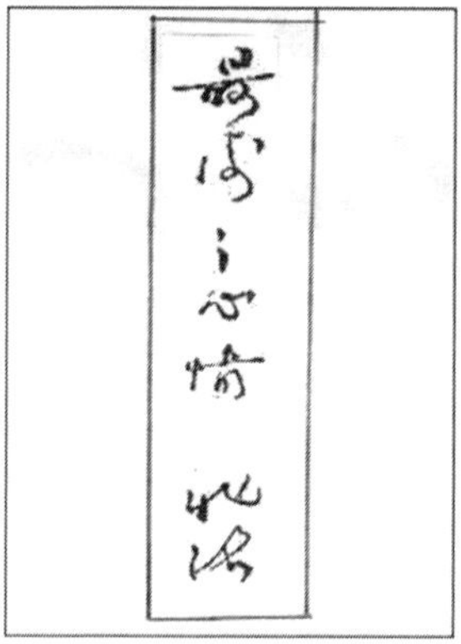

汪精衛逝世前對國事的五千字遺言，題為「最後之心情」，為汪氏在病榻上親筆的真跡。

汪精衛寫作時的神情

㉟朱子家著《汪政權的開場與收場》，一五四頁，古楓出版社，一九七一年出版。

年，於是金雄白把這份五千字的重要歷史文獻，交給跟他關係良好的《春秋雜誌》發表。

汪氏五千字的遺言發表後，引起中日廣大人士的注意。日本方面，經「每日新聞」與英文《日本時報》先後轉載，舉國轟動。「每日新聞」在日本日銷五百餘萬份，於四月二十九和三十日兩天，以最大篇幅將全文予以譯載，在前面引言中，認為「汪氏以愛中國、愛日本，並為東亞前途設想的精神寫此遺書。而二十年後之今日，對於這份遺書，在中國可與中山先生的遺囑，同其重要。」東京英文《日本時報》對汪氏遺書也發表了一篇專論，題目是：「一個真正的愛國者」，副題是：「汪兆銘的遺書，再揭開歷史的新頁」，其中要旨說：「對於一個歷史人物的評價，往往根據當時這個人的行動與所能看到的當時一切的資料，今天被認為壞人的，也許明天會變成英雄。在歷史上一向被認為係日軍統治下的南京一個傀儡政權的領袖，他卻用自己的遺言，為他的去重作表白。汪氏所採取的方法，是極為高明的政治謀略，以假的合作使敵人放下武器，不用一兵一卒而戰勝敵人。」

「每日新聞」於譯載後的第三天，專員訪問了戰時在華與汪政權有密切關係的兩個人。一位是支那派遣軍副總參謀長今井武夫，另一位是日本駐華大使館書記官清水董三，今井武夫對汪氏的國事遺書的讀後感，很坦率地以「日本背信之遺憾」為題，全文大意是：「汪氏的國事遺書是歷史上的一項重大發現，以我私人的判斷，這份遺書確然為汪氏的真正心情。舉例來說，昭和十三年，我與影佐禎昭跟汪氏左右談判對華新政策，並擬由汪氏建立南京國民政府，商定的和平條件是要尊重中國主權，歸還租界，廢除不平等條約，因此才得汪氏左右的同意而作成紀錄，這樣才使汪氏脫離重慶而建立南京國民政府。但以後簽訂的《中日基本條約》，以日本軍部態度的突然改變，違反了最初的記錄，成為一個侵略性的條約㊱。汪氏脫離重慶時的心境，如遺書中所謂『非脫離重慶，建立南京政府，深入日軍佔領地區，不足以保全淪陷區之廣大地區。待戰事終了，將負責將敵人佔領地區，交還於國民政府（重慶）。』」㊲

清水董三的談話則以「這纔是真正的遺書」為題，他說：「我在汪精衛氏脫離重慶以前，就早在南京的日本大使館任職，以後又為影佐禎昭的梅機關服務。南京國民政府之建立，對日和平運動之發動，我一身都參與其間，對汪氏始終的行動，他的思想與他的政治信念，我都深切知道。由於我對他長期的體驗，因此對汪氏的國事遺書，一經拜讀之下，就直覺地感到這才是真實的遺書。」

「當汪氏在日軍佔領地區內，由於日本的協力而成立國民政府，以與重慶的蔣介石政府分庭抗禮。當時中國和日本的若干批評家認為，汪氏的所以脫離重慶，是出於一種『權位慾』，而是私利的追求者。我以為這是世間的俗論，而大大的誤解了汪氏的為人。」

㊱同註㉟，十八頁。
㊲同註㉟，十九頁。

「汪精衛是一個非常的愛國者，而且是個具有理想的愛國者，他是國父孫文的信賴的信徒，他絕不會出賣其祖國的行為。他以全部身心來防止日軍的侵略，他是為了和平救國而犧牲了。」㊳

「戰爭結束後，我應傳至東京審判戰犯法庭作證，曾力言汪政權決非日本卵翼下的傀儡政權。假如這篇遺書早一些發現的話，我更會引用汪氏的心跡來加以辯明。」㊴

每部歷史不是全然真實的，真理好像永遠深藏在我們看不見的地方。而歷史真相的掀揭，實寄望於有識見、更要有勇氣的史家來完成了。金雄白，這位傳奇人物，連續發表了五集「汪政權的開場與收場」之後，又於一九六四年公佈了汪精衛的遺書，在日本與香港兩地再度引起熱烈討論，「蔣汪雙簧說」又甚囂塵上。

35

日、港兩地沸沸揚揚、喧鬧不已之際，在台灣，就在沉靜的台灣，我與小英的交往已漸入佳境。羅媽偕同小英二度南來，在小羅陪同下與我正式論及婚嫁。羅媽表示，不收聘金，擇吉日舉行婚禮。

㊳同註㉟，十九頁。
㊴同註㉟，二十頁。

我與小英的婚禮，於一九六六年的六月六日假高雄厚德福飯店舉行，席開十桌。毛老師是我的主婚人，男方來賓中除歸來、徐毓生、張明華、金鰲勳外，都是煉油廠裡的同仁。女方主婚人羅媽，來賓只有小羅與他的三位弟弟。

婚後，我因申請廠裡的宿舍無望，臨時在煉油廠大門附近，租了一幢兩層樓房。

小英很會持家，也有客家人節儉的習性；不過，她很捨得買昂貴的像水蜜桃、蘋果之類的水果給我吃，她自己捨不得吃，推說是不愛吃。

新婚期間，我利用晚上空檔，在書房裡寫些影評、短篇小說寄中華日報。也把過去在《文壇》發表過的中篇《劇終》找出來，改寫成電影分場劇本，想寄給香港永華電影公司的李祖永。

多年不見的台南老友盧瑞貞，突然來煉油廠找我。他現在擔任台南市政府的土木課長。他告訴我他不想當公務員了，想下來自己創業。他要跟我研究一下。

我帶他到我新居，見到了我的新娘，他質問我：

「你結婚為什麼不通知我？」

「我請的大部分是煉油廠的同事，高雄只有幾位參加，其他地區我一概不發喜帖，不好意思麻煩大家。」

「我們的關係不一樣呀！」阿貞轉身對小英說：「我們就像親兄弟，我媽把他當兒子看待。」

正欲進廚房準備晚餐的小英，聽了阿貞的話，回頭，微笑地：「是嗎？你們是兄弟，王唯很想把這棟房子買下來，你要幫忙完成他的願望呀！」

沒想到小英會發出驚人之語，阿貞顯得有點尷尬，但立刻正色地說：「買房子一定要靠自己。我住的房子就是靠我的方法賺錢買來的。」

「我太太是開玩笑的，不要當真。」我在打圓場：「阿貞，來來，坐下談。」

我泡了一壺茶，給阿貞倒了一杯。

「你是說，你要辭職不幹公務員了？」

盧瑞貞眉頭緊鎖，直搖頭：「唉，我這個土木課長幹得提心吊膽的，弄得晚上失眠。我想下個月就提出辭呈。」

「那你打算幹什麼？」我問。

「我對拍電影倒是蠻有興趣的。」阿貞剛才緊鎖的眉頭已消失：「怎麼樣？我投資開一家電影公司，你來負責。」

「那——我煉油廠的工作——」

「辭掉，不要幹了。」

「不、不，煉油廠的工作是我的正業，拍電影只能當副業。」電影賠怕了，我堅持原則：「電影萬一賣座不好，賠了——」

「你呀，膽小鬼！我準備連拍三部，你總不會三部都賠錢吧？」阿貞點燃一支煙。台北的獨立製片公司一大堆，大多是「一片公司」，造成台灣電影蓬勃的假象，太可怕了！

「這樣好吧？我手邊上正好有一個故事，準備寫成電影劇本。」我胸有成竹地說：「先在高雄以你的名義申請成立一家電影公司，我利用每天晚上、休假、請假的空檔來公司籌備、拍戲、後製工作。我先暫時不辭煉油廠的工作，等公司穩定了以後再辭。」

「你的看法也許是對的。」阿貞把煙蒂熄在煙灰缸裡：「就按照你的意思，明天我就去找會計師申請公司執照。公司就設在高雄鬧區，大舞台對面有一間店面房子，我早在幾年前買下來，一直空在那裡。」

「你怎麼會在高雄買房子？」我覺得很奇怪。

「哈——」阿貞得意地說：「這你就不懂了，這叫做炒作，房子跟土地一樣可以增值。我唸的是工學院，同學、校友遍佈全省各縣市的地政單位，我當然消息靈通啊。哪塊農地、哪塊山坡地要重劃，我用論甲賣的土地，買它幾百甲，等到重劃後，土地變成建地，我再把它賣掉。土地買賣是以『坪』來計算的，所獲得的利益是驚人的。」

「那你現在是千萬富翁了。」

「何止千萬？以我現在的財產，應該是以幾個億來計算。所以嘛，拍幾部電影能花多少錢？就算三部戲都賠了，我把高雄有一幢觀光飯店買下來，你來經營，當總經理。」

阿貞的一番話，令我驚訝不已。

《劇終》的劇本已經開始寫了，因為這個戲是我親自導演，所以把每場戲的鏡頭也分了。

有一天我抽空到高雄公司去看看，阿貞正在指揮工人們將一塊長長的「南國電影公司」招牌掛起來。「南國」的名字是我建議他採用的，公司執照他已經找會計師在申請了。阿貞真的玩真的！

我在資料處理中心一年，擔任程式設計師，費腦又傷神，所以向鄧主任請調到Data control比較輕鬆。我更有餘力來從事我的副業。

我想到公司快要成立了，應該找幾個名人送些紀念品。立法院長張道藩是我的舊識，他寄來一個包裹，裡面是一座鑲銅牌的木牌，左上角刻有：「王唯教授惠存」，中間四個大字：「影劇火花」，左下角是：「張道藩敬贈」。于右任院長寄來一副對聯，落款是：「王唯先生——南國電影公司」，上聯是：「昔為沙場老兵」下聯為：「今作文化鬥士」。我把它們掛在公司的牆上。

這半個月，阿貞一直在高雄忙著新公司的事，所以沒回台南，住在公司裡有一間他的臥室。有一天，我下班後到新公司，見到阿貞在臥室裡手持小針筒往肚子上打針。他告訴我，他有遺傳自他母親的糖尿病，服藥已無效，只有靠打胰島素來控制血糖。他又告訴我，他還有心肌梗塞的毛病，身上隨時帶著一顆小小的「救命丸」。

我們在公司附近一家餐廳吃晚飯，他向老闆要了一瓶金門高粱。

「你可以喝酒嗎？」我用懷疑的眼光看他：「你的兩種病，都不能喝酒的。」

「是呀，少喝一點，應該不要緊！」阿貞拿起酒杯，給我倒了一杯，自己倒了三分之一杯。

「來！」阿貞舉杯，手一揚，自己喝了一小口後，放下了酒杯：「老王，我們認識已經二十年了吧？」

我想了一下後說：「對，剛好有二十年。」

阿貞停下筷子，回憶地：「我們在一九四九年初在台南認識的，你穿著一套陸軍中尉呢軍服，好帥！那時，我剛從台南工學院畢業，在市政府工作，連皮鞋都買不起，家境很窮困，一家五口擠在一間日本倉庫裡，你倒是不嫌棄我這個窮朋友，經常到我家來看我。我母親很喜歡你，就把你當作兒子。憑良心說，那時候我很羨慕你，我一心一意想多賺點錢來改善生活。」

阿貞又喝了一小口酒，感慨地：「這十多年來，我炒地皮賺了不少錢，整天跟一些業務相關的人上酒家喝酒、應酬，結果換來了一身的病！唉！現在我才知道，健康是多麼重要。錢可以買很多你喜歡的東西，可是錢，沒辦法買到健康！」

阿貞回台南了，我的《劇終》分場分鏡劇本寫得很順利，也經常有即興的靈感，劇本一再的增刪、修改。

我與小英年輕時的合影

36

小英懷孕已五個月了，我定期派車陪她到高雄的海軍醫院檢查。為她檢查的是婦產科主任魏齊德，一位南部著名的婦科權威。魏主任特別囑咐我，因為胎兒較大，孕婦必須多散步，所以我在百忙中也要抽空陪小英在社區裡散步。那時台視開播沒多久，我已經開始替製作人朱白水編寫《溫暖人間》劇集，我以分期付款方式買了一台電視機，收看我編的電視劇。廣告時段，有一支拍得很成功的廣告：「一人吃兩人補」賣孕婦補藥的「克補」吸引了我，在西藥房買了一堆給小英，結果吃得小英的肚子比一般的孕婦大，好像是雙胞胎。

一九六七年十二月十八日深夜，小英肚子劇痛，我打電話給廠裡叫車，送小英到高雄的海軍醫院急診部，魏齊德主任正好也在，馬上為小英安排病房，檢查結果說是胎兒很大，自然生產孕婦會多受罪，他主張剖腹產。

翌日，十二月十九日一早，我趕回家換一套整齊的服裝，白襯衫打一條粉紅色領帶，我要迎接我第一個孩子的降臨。回到醫院，魏主任正準備為小英剖腹，看到我緊張的樣子，笑著拍我肩膀：「小手術，不要緊張。」

小英被推進手術房後，我一直徘徊在走廊上，憂喜交集，不由自主地默禱：「保佑小英平安。」

我馬上是孩子的父親了，心裡盤算著，如果是男的，就取名叫「亞權」，女的叫「亞咪」。

不知道等了多久，手術房的門終於開了，魏主任笑嘻嘻地走出來，對我說：「一個可愛的，胖嘟嘟的女娃兒！」

我衝進了手術房，小英正躺在手術台上，無力地凝視著抱在護士手裡的女嬰，我們的女兒亞咪！

小英坐月子期間，岳母前來幫忙，把小英照顧得無微不至，我上班沒有後顧之憂了。把積壓的一些資料處理處理，打電話到高雄的電影公司，沒人接，阿貞可能回台南了。

有一天上班時間，阿貞的太太打電話給我，說阿貞已去日本治療心臟病了，叫她打電話告訴我，經濟部已經發給公司一張執照，放在阿貞的辦公桌抽屜裡，公司的事，一切就要我多操心了。

電影分場分鏡對白劇本《劇終》終於完稿，主題曲的歌詞也由音樂家時傑華譜成曲，高雄新聞界的朋友還發了一則有關《劇終》的新聞。中國晚報的余聰點，聯合報的鄭牧野也發了我成立「南國電影公司」，即將開拍創業片《劇終》的新聞。台灣新生報的王政還跑到我家做專訪，寫了一篇〈劇終作者談劇運〉，漫談我寫作動機以及我如何用新的手法來拍攝。

《劇終》作者王唯談劇運

南國電影公司即將開拍創業片《劇終》的新聞見諸各報後，幹戲的老友們紛紛來電話表示關切，問我什麼時候開鏡，有什麼角色可以安排。高雄的周奕、張復生、劉維斌等也經常到公司找我聊天。我告訴他們，《劇》片的角色眾多，大家都可以來幫忙。至於何時開鏡，要等董事長回台灣，製片預算撥給我以後才能決定。

當時阿貞對我表示，先支付三十萬元作為籌備、勘察外景費用、演職員的第一期酬金、開鏡後的劇務費。第二波的三十萬元在拍到全片三分之二時支付。底片三萬呎已洽定香港電影公司墊底，並負責沖印、剪接、配音、完成AB拷貝後結清帳目。

我預定的製片是閔敏，策劃是范士達，攝影及燈光組找的是老牌導演吳文超㊵的班底，連場務、劇務都一起包。我還考慮到拍戲進度不中斷，請的副導演是黃宏光，一位資深的、功力已達獨當一面的導演，在我抽不出時間時，祇要我把拍攝分鏡表交給他，由他來按表執行。

現在，就等阿貞返台，預定的拍攝計畫就可以展開。我經常打電話給台南的阿貞家，詢問阿貞在日本治療情況。他太太盧綉雲告訴我，阿貞的病況不樂觀，心肌梗塞已沒有問

㊵ 吳文超（一九〇四至一九九五）導演，浙江紹興人。一九二二年從影，演出《孤兒救祖記》、《古井重波》，分別是明星公司和上海影戲公司創業片。一九二六年演出《盤絲洞》中的孫悟空，一九二九年轉任導演。

題，但發現肺部有腫瘤，經手術後癌細胞已經擴散。

半個月過去了，台南的電話實在不好意思再打。突然有一天，盧綉雲來電話了，報告阿貞去世的消息。也告訴我，高雄阿貞的房子如果有需要，仍可繼續使用。

完了，《劇終》真的劇終了。

37

我跟平常一樣，每天下班後坐開往高雄的交通車，在鹽埕區下車，步行三分鐘到達公司。

我在思索，如何結束公司。

一些老友與新聞界的朋友仍川流不息的到公司來聊天，我沒有宣佈公司即將結束，很難啟齒，笑話鬧大了。一位高雄鼓山戲院的劉經理來找我，問我拍一部電影需要投資多少錢？他說他投資一個歌舞團的資金準備收回來，要投資給我，但必須等待。

中國晚報的余聰點是我在五〇四廠的老同事，他看出了公司的狀況。台南的阿貞他也認識，他問我：「怎麼很久沒有見到阿貞？」我只有據實告訴他，阿貞走了，資金也沒了。

「鼓山戲院的劉經理不是要投資？」老余突然想到前幾天劉經理來公司，表示要投資拍電影。

「那要等他投資的歌舞團的資金回收後才有錢。」

「那還是有希望。」老余想了想，出了一個點子：「你可以先辦演員訓練班。」

這個點子倒是不錯，台北有一家丁伯駪的亞洲電影公司有開辦演員訓練班，南部還沒有。於是在老余策畫下，南國電影公司演員訓練班招生的新聞，在各報刊登。三天內擁進了一百多個男女青年報名，李愛壽整天在公司坐鎮，接受報名，接聽電話。報名截止後，又幫忙發函通知前來面試。

面試之日，我請二軍團的話劇隊長周奕擔任表演的主考官，我負責最後的口試。經過了甄試結果，錄取了二十五名學員，每晚七至九時在公司臨時佈置的一間教室上課。我講授「編劇學」和「導演學」，周奕負責「表演學」，海軍政工大隊長徐毓生講授「電影行政」，「電影概論」找不到合適的人，只有由我來擔任。

兩個月的課程快結束了，鼓山戲院劉經理的資金還沒有消息，恐怕是沒希望了。

香港電懋電影公司的清裝戲《西太后與珍妃》，由導演易文㊶率領來高雄拍外景。台灣的製片是閔敏，他在晚上授課時跑來公司找我，希望公司支援二十名臨時演員。我當場

㊶易文（一九二〇至一九七八）導演，江蘇吳江人，上海聖約翰大學文學士。曾任報紙總編、中央電影公司編劇、香港亞洲、電懋等公司導演。作品有：《小白菜》、《星星月亮太陽》、《西太后與珍妃》、《盲戀》等五十餘部。

把閔敏介紹給學員們，並請他臨時客串講了一堂「電影製片」。閔敏告訴大家，別小看臨時演員，很多大明星都是從臨時演員幹起的。

第二天一早，由李愛壽率領的二十多位學員，在公司大門口上了閔敏派來的一輛小巴士，直奔澄清湖外景地。拍攝的是一場《逃難》的戲。一百多個臨時演員全部扮演難民，換上了清朝平民的服裝，頭上套了一條辮子。

費了很多時間才把隊伍整理完畢，經過導演的檢查通過後，由副導演帶領到了拍攝現場，用話筒大聲地向大家宣佈：

「你們演的是一群難民，等會兒我說：『開始』的時候，大家要爭先恐後的往前跑，不要回頭。各位有沒有問題？」

群眾的聲音：「沒有！」

副導演的話筒裡傳出了聲音：「現在開始先演練一遍。好——開——始——」

但見一群難民的奔跑，其中還有邊跑邊談笑的。

「停——請大家回來！」副導演在話筒裡吼叫：「逃難怎麼可以談笑？重來，重來！」

此時，劇務開來一部吉普車，送來了大批飯盒。

大家吃完了飯盒，休息了一個小時後，副導演的話筒又開腔了：

「各位，現在繼續排練。請注意，你們的後面追兵已經追過來了，你們是在逃命！

好，再來一遍，如果ＯＫ，就正式開拍了。」

《逃難》演練了三遍，南國訓練班二十多名學員被閔敏安排在最後，始終認真地忘我表演，臉部呈現驚恐之色，動作也顯得狼狽不堪。導演易文看在眼裡，轉頭問站在他身旁的閔敏：

「你找的南國訓練班學員，是不是最後的那些人？」

「是的，導演。」閔敏說：「是不是給他們二十幾個人來一個『特寫』？」

「我就是有這個意思。」易文說：「你去告訴副導演，叫他安排拍南國訓練班二十幾個人的鏡頭。」

易文轉身對攝影師說：「拍一個中近景，讓那二十幾個人的臉部表情跟大小動作清晰的顯示出來。」

「是的。」攝影師在調整鏡頭：「導演，逃難的一個遠景，剛才在第三次演練的時候，我已經偷拍下來了，效果很好。要不要再拍一次？」

「你認為ＯＫ，那就不拍了。」

那個南國學員二十多人的中近景拍好，已經是傍晚，導演下令收工。

收工後，在卸粧前，李愛壽為學員們照了相，也將劇務結算給他的每個學員的酬金，分發完畢，卸粧後搭小巴士回高雄。

南國演員訓練班結束，《劇終》開拍無望。我安排三位績優的學員推薦給台北的丁伯駪，與亞洲電影公司簽下基本演員合約。又打了一通台南盧綉雲的電話，告訴她公司結束，阿貞在高雄的房子請她收回。

那部已經寫好的分鏡劇本《劇終》怎樣處理？不能就讓它「劇」已「終」了就此結束吧？

我試與台北幾家製片公司連絡，都沒有意願，丁伯駪看了劇本後表示：

「這部戲只有香港的邵氏公司可以拍，不妨試試。」

我把《劇終》掛號郵寄香港的邵氏公司總裁邵逸夫㊷，不到一個月，邵氏的何冠昌經理來電話，說邵先生已交下《劇終》的劇本，經審查通過，決定採用。我告訴他，這部戲本來是我導演的，所以每場戲的鏡頭都分了。如果邵氏要拍，我必須親自導演。何冠昌說：「邵氏的導演很多，不可能讓你來導演的。我們是向你買劇本。」

「何先生，如果你們不同意我的要求，那麼，請你把劇本退還給我吧。」我的語氣頗為肯定。

㊷ 邵逸夫（一九〇七－）浙江鎮海人，隨二哥邵邨人、三哥邵仁枚同赴上海加入天一公司學攝影及編劇。一九二六年與邵仁枚被派到南洋開拓電影市場，在星加坡經營戲院及影片發行，一九五九年赴港接管製片業務，闢建邵氏影城，年產量四十餘部，成為亞洲的影業鉅子。

不久，劇本退回來了。我將分鏡全部刪除，順便又修改一些，叫金鰲動重新謄清一遍。我告訴他，當你把劇本抄寫一遍後，可以瞭解到一部電影的結構是如何組成的。

高雄煉油廠的福利社舉辦日本山葉輕型機車的分期付款，我去登記了一台。有一天下班後，我騎著機車經過俱樂部，進入販賣部買些日用品。出來正欲上車，發現後輪胎扁扁的，沒氣了。

此時，福利會的總幹事譚添冥出現在我面前。

「你沒有看見這塊牌子上的字？」譚添冥厲聲地質問我。

我從他手指處看去，是一塊小木牌放在門口地上，上面寫著一行字：「此處不得放置自行車，否則放氣處罰」

「明明寫著自行車不能放置。」我是有點生氣了，理直氣壯的大聲對譚添冥說：「我這部是有動力的機車，不是自行車，你放錯氣了，你要負責把我機車輪胎的氣打足了！」

譚添冥愣了，轉身欲離去，我一個箭步上前，把他衣領揪住，他用力將我的手掰開，拔腿飛奔過馬路，進了油廠大門。

這段時間裡，陸續下班的人很多，都好奇的看完這場鬧劇。駐衛警老徐跑過來問我：「發生了什麼事？」

「莫名其妙！譚添冥取締俱樂部門口亂停的自行車，卻取締到我的機車，把我機車輪胎的氣給放了！」我氣憤的說。

事情還沒有結束。福利會的主委是煉油廠的廠長董是橫，譚添冥誇大的向董是橫報告，說他在執行公務時被我打了。報告中形容我是「刁民」。譚添冥是董是橫的愛將，竟然聽信了他的話，不問青紅皂白的交人評會，命該會至少要申誡我。

鄧世明是人評會的委員，他告訴我董是橫的意思要申誡我。我說，如果人評會決議要申誡我，我一定到法院提告。我可以提出很多人證沒有打他，我祇是抓住他的衣領，因為他放錯了氣，心虛，想溜。

一個月過去了，沒有申誡我的消息。

在此同時，我與一位法界的老友連絡，就是從前我鼓勵吳明珠嫁給那位年輕優秀的台南地院監察官的周南強，現在是高雄高分院的庭長，請教他一些如何訴訟的問題。老周坦率的勸我，除非不得已，最好不要涉及訴訟。我還取笑他說，如果大家都採取這種態度，你們不是都失

1968年蔣介石總統巡視高雄煉油廠，董廠長親為簡報。「煉油」是他的專業，但「管理觀念」遠不如旁邊軍校出生的李文梯副廠長。

業了。

後來也是人評會委員的陳乃善透露我，董廠長交辦要申誡我的案子，人評會裡絕大多數的委員，認為不妥，未予通過。

我們這位董廠長，身負台灣全島軍民油品供應重責的總負責人，對油品煉製肯定是內行；但他實在不懂「管理」為何物。他居然經常在中午或下午下班前十分鐘，站在油廠大門口查看誰早退？這是人事組考工課的工作。我在加州大學旁聽過Management老師告訴我們，經營管理無他，只有和諧的勞資關係。經理人必須善用「充份授權」、「分層負責」。

我想，一個「事必躬親」的經理人，絕對不是合格的經理人。他沒有信守「充份授權」、「分層負責」的管理精神。

中油會計處長退休後的陳崑山，擔任「中油退休協會」的創會理事長，仍不失「仗義執言」的性格。

38

警備總部高雄調查組有位陳中校來看我，說是毛老師的秘書叫他來煉油廠拜訪我。他首先問我一些廠裡的概況，包括工會組織與黨務工作人選，最後又問我對安全組裡有一位葉課長的印象。我知道工會是由黨掌握的，黨務工作人員都是由煉油廠的員工派任的，缺乏黨性。至於安全組的葉課長，我與他不熟，印象中好像不太親切近人，但勤於工作，晚上經常在課裡獨自一人加班，我據實以告。

陳中校辭別時，遞給我一張名片，希望我常與他連繫。

就在陳中校跟我見面後不到一個月，葉課長被捕。

韶光易逝，亞咪已經三歲，由牙牙學語，到現在已能跟我對話，非常可愛。有一個星期天的下午，詩人朱辰冬與畫家劉銘來訪，三人暢談藝壇軼事。晚餐時間，小英從廚房裡端出幾道拿手好菜，我從酒櫃裡取出一瓶十年的法國紅酒，大家開懷暢飲。餐後，大家繼續在客廳裡聊天，沒想到亞咪在餐廳把桌上我喝剩的半杯紅酒偷喝下去，滿臉通紅的跑到我身邊，嘴裡嘰哩咕嚕的不知在說些什麼，當大家弄懂真相，不禁哄堂大笑。

小英又懷孕了，我仍定期陪她到海軍醫院找魏主任檢查。「一人吃兩人補」的營養品不能再吃了，前車之鑑啊。

一九七一年一月十七日清晨，小英肚子劇痛，過去的經驗告訴我，小英要分娩了。打電話到車庫請車。我服裝整齊的扶小英上車到海軍醫院，經魏主任檢查後決定下午兩點進手術室進行剖腹產。我已經有第一次的經驗，但難免仍有緊張情緒。

下午兩點，魏主任準時來到病房，兩位護士扶小英躺在手術台上，慢推進手術室。魏主任已換上手術服，走近我，拍拍我的肩膀：「剖腹產是最簡單的手術，不要緊張。」

小英在手術室內接受剖腹產，我在室外走廊上盤算著，如果生下男的叫「亞權」，女的叫「亞芃」。

魏主任的手術以乾淨俐落馳名於醫界，沒多久他從手術室出來，笑容滿面的對我說：「恭喜你，又是一位女公主！」

很好嘛，我們王家三代沒有生女孩，女兒可是我們家的瑰寶喲！

正聲廣播公司總經理夏曉華與主秘黃懷中兩人連袂退休，共組《台灣日報》於台中。黃公電約我到台中一談。

我在週末放假空檔跑了一次台中。

《台灣日報》設在台中縣的大里鄉，是幹線旁的一排四層公寓，我拜謁了夏、黃兩位長者。黃公還介紹了在座的一位新聘特派員劉宜良。

筆名「江南」的劉宜良，原來是一九八四年在美國爆發「江南案」的被害人。那年，劉宜良繼出版了《蔣經國傳》後，有意撰寫《吳國禎傳》。消息傳回台灣，情報局長汪希苓出面找來竹聯幫陳啟禮，由陳率領吳敦、董桂森至美國暗殺劉宜良。命案發生後，引起美方當局震怒，情報局相關人士皆遭判刑，更傳出幕後主使者為蔣經國次子蔣孝武㊸。「江南案」發生前四個月，我正好在加州大學修畢博士學分，抽暇到舊金山遊覽，在漁人碼頭吃了一頓豐富的午飯，順道到劉宜良開的工藝品店參觀。那天，劉宜良不在，由他太太接待我。臨別時，我捧場式的買了些工藝品回台灣。

黃公問我，有沒有意願到《台灣日報》擔任採訪主任。我因煉油廠的工作很安定，不想再轉業。何況那時正想調台北中油總公司，台北有我事業發展的空間，我婉拒了黃公的一番盛意。

一九六九年十月三十一日，中視開播。姜龍昭因台視約滿離職，中視馬上聘他為專任製作人，策畫他製作的國語連續劇《情旅》。他打電話問我要不要參加聯合編劇。我知道編寫電視連續劇有時間急迫性，要趕，會寫死人。職業編劇幹的事，我這個業餘編劇不宜做，我沒答應。

㊸同註㉟，第一六八頁。

由趙之誠等六人編劇的《情旅》推出了，收視率很高，主題曲風行一時，也演紅了男主角吳風。

高雄的一家歌廳老闆腦筋動得快，等《情旅》演完，馬上重金邀請吳風來高雄歌廳演出短劇，同來的還有《八號分機》劇集裡的演員周仲廉、柳鶯、林彬等人。

吳風等一行人演完歌廳短劇以後，有意願想來煉油廠參觀。有一天早晨，他們來了，我請公關課長在簡報室向他們作了簡報，並引導他們重點式的參觀了幾座主要工場，中午請他們在餐廳用餐。

姜龍昭在中視製作了很多連續劇，像《春雷》、《長白山上》收視率都很高，廣告滿檔。有一天，他突然打電話給我，問我有沒有興趣編《八號分機》劇集。《八》劇每集以一個台灣的真實刑案為一單元，周仲廉飾演的刑事組長每集固定不變，我欣然接受他的邀請。因為是單元劇，寫得很輕鬆。

從前基金課的儲課長，現在是台北總公司的會計處長，還兼了總公司的資料處理中心代主任。我寫信拜託他把我調到總公司的資料中心。

趁剛郵寄中視一集《八號分機》劇本後的空檔，我開始撰寫一本多年前未完成的《戲劇概論》。我把從前發表在各報與《中華文藝》月刊上的有關編、導、演的文章，蒐集在一起，再增添一些東西進去，從頭到尾再潤飾一遍，一本十多萬字的《戲劇概論》於焉形成。我經由李達海組長的介紹，與大東書局簽約出版，版稅為百分之十五。

台北儲京之遲遲沒有消息給我。我就應邀每晚到高雄鋁業公司導演《深淵》話劇，是丁衣編的保防劇，由鋁業公司的安全組主辦，我安排李愛壽飾演一個角色，並兼任副導演。

台北中油總公司的調職公文終於收到，生效日期是一九七一年十二月一日。

我與吳風電話連絡，問他台北租屋行情。他在電話裡告訴我，他住在松山區的虎林街一間公寓房子的樓下，共有三房兩廳，他和太太盧台蘭祇用了一間臥房，另外兩間是空著的。他說如果我願意，歡迎我們與他們合租。

我跟小英商量，可不可以與吳風合租一戶房子，小英表示沒有意見。於是我向車庫借了一部大卡車，資料中心一位工友老徐，是一位退伍老兵，還帶來另一位退伍老兵到我家幫忙搬家。我押著大卡車直駛台北，小英帶著兩位小公主坐火車北上。

我們一家四口搬進了吳風租的房子安頓下來，已是傍晚，吳風夫婦還沒有回來，我已飢腸轆轆，亞咪直喊：「肚子好餓！」於是我牽著亞咪，小英抱著亞芃，在巷子的一家小吃店叫了五十個水餃，十幾分鐘就下了肚。

吃飽了散散步吧，順便瞭解一下週邊環境，卻意外的發現，從前在台南五〇四廠經理室的李克仁股長的家也在這條巷子的樓下。

怎麼這樣巧？當下我按了李家的門鈴。

出來開門的是李太太，驚訝地：「是小王啊！你們怎麼來台北？」

「我調來台北總公司。」我說：「今天我們搬來這條巷子的第一間樓下。」

「那不是吳風住的嗎？」

「是的，我暫時和他合住。」

這時候，李股長也出來了，他用興奮的音波請我們進去：「小王，快進來坐！」

在與李股長約一小時的談話中，李太太為我們泡了一壺茶。獲悉了五〇四廠那些故人們的近況。王世斌在中正理工學院任化工系主任、張贊興與鄧鳳舞兩人在聯合國的金屬研究發展中心當工程師、那位我一直向他貸款的徐宗映股長是土地銀行花蓮分行的經理、李克仁股長他自己在台北一家私人公司當會計主任。他們的兒女都長大了，都在台北上班。

39

中油總公司位在台北中華路上的實踐大樓，我走進二樓的資料中心，向代主任儲京之報到。儲不在，由副主任孫賡年接見我。孫是高雄煉油廠的舊識，就是與李達海兩人出版我那本《花落誰家》劇本的出資人，留德的化工碩士，精通德、日、英語，是個好好先生，不懂官場文化，也有點迷糊。喜愛跳舞，曾經為了一個舞女，差點鬧笑話，是我擺平的。所以我與他之間的交往，不大像長官與部屬的關係。

我分配在中心的第二組，負責固定資產的資料控制，與高廠的工作完全一樣，所以駕輕就熟，勝任愉快。

住家與工作已安定下來，我與毛老師連繫，向他報告我的近況。何方已經進軍電影，在他經常面臨惡劣艱困的環境，他承襲自他母親舒繡文永不服輸的毅力與鬥志，衍生出驚人的創作力量，不但寫出了很多膾炙人口的劇本，也編導了多部電影佳作。

一九七二年，他繼編導了趙雷、恬妮主演的《午夜談判》，吳家騏、汪玲主演的《瘋狂佳人》後，又編導了岳陽主演的《老地方》，我曾應邀參加了他的開鏡宴，席開五桌，高朋滿座。

毛老師約我下班後到悅賓樓吃晚飯。

他宴請的都是他的老友，有立委吳延環、王大任、莫萱元、國代劉韻石、袁日省、老報人龔德柏㊹等。毛老師把我介紹給他的好友們，我年紀最輕，也是晚輩，主動的為他們

㊹ 龔德柏（一八九一至一九八〇）湖南省瀘溪縣人，畢生從事新聞工作，關注國事，以直言、行文豪悍馳名於國內外，素有「龔大炮」之名，因此，樹敵無數。

斟酒添茶。一頓飯吃完，我從他們的言談間，約略了解各人的背景。

吳延環委員，北平人，喜愛京劇，出身軍統，與蔣經國稔熟。王大任委員，立法院教育委員會總召。莫萱元委員，立法院預算委員會總召，他還經營了一家「生力傳播公司」。劉韻石國代是湖北省黨部的負責人。袁日省國代則為江西省軍系選出來的代表，軍階應該不低。至於老報人龔德柏，號稱「龔大砲」，因發言不慎，被警總關了幾年，放出來之後遞補上湖南的國大代表。

宴會結束，大家陸續離去時，吳延環與莫萱元向我要了名片，說以後可能要重用我。龔大砲表示欲把我推薦給他的好友成舍我，請我到世界新聞專校接掌電影科。

這三位老前輩在若干年後，真的想重用我，與我接觸頻繁。

那時候的台灣戲劇運動逐漸式微，我在報端數度撰文呼籲政府應正視戲劇的震憾力，成立一個國家劇團實為當

協助促成創辦國家劇團的吳延環立委

務之急。吳延環來電話表示關切，並且願意協助我，完成我的夙願。我多次造訪他在立法院圖書館三樓的辦公室，研商未來國家劇團的編制、人事、工作項目以及預算經費。最後他提出，要我準備十二個話劇本附在計劃草案內。

「吳委員準備向哪個單位進行？」我問。

「當然是教育部。」吳延環想了想：「教育部有一個社會教育司，未來的國家劇團應該屬於社教司管轄。」

十二個話劇本正在蒐集，丁衣、高前、姜龍昭三人提供了十本，吳延環向高雄的楊濤要了一本，我把我的舊作《花落誰家》湊滿了十二本，連同「籌設國家劇團草案」一起交給了吳延環。吳表示，如果教育部有問題，他找蔣經國。

半個月過去了，吳延環突然來了電話，叫我過去一下。心想國家劇團有消息了，我精神抖擻的跑進吳的辦公室，剛坐定，吳延環笑容滿面，得意洋洋的說：

「我寫了一個京劇的劇本，是屬於前衛、改良京劇。」

噢——原來不是國家劇團有消息。

「我已經把劇本交給大鵬國劇隊了，你來導演這齣戲。」

「京戲我不懂呀。」

「沒關係，你就照你的專業戲劇方式來排演就可以了。」

這時候，工友匆忙地進來向吳報告：

「蔣院長馬上上樓來看吳委員。」

吳延環轉身站起，對我說：

「你趕快從後面的小樓梯下去。」

「我是從正門進來的。」一股幼稚的自尊心作祟，我直率的大聲說：「也要從正門下去！」說完後扭頭就走出辦公室，逕自下樓。走到二樓時，有四個便衣從一樓走上來，我走到樓下時，看見剛接任行政院長的蔣經國由多位部會首長簇擁著，走向樓梯。

自從那次「事件」後，我再也沒有與吳延環見面。

莫萓元委員的生力傳播公司業務經理東啟國是我的舊識，東北人，「滿州國」時代的軍校他念過，與當時韓國流亡政府的朴正熙是同班同學。有一次，時任韓國大統領的朴正熙訪問台北，住在圓山飯店，東啟國去探望他，結束行程後到中油公司找我，帶來了莫萓元給我的聘書，聘請我擔任生力傳播公司的副總兼節目部經理，不必上班，也不支領固定薪水，是論案計酬。

生力傳播公司是台灣鐵道兩旁的廣告牌總代理，還代理了「愛國獎券」的電視開獎，莫委員有意製作「益智節目」甚至電視劇，他有多次邀我到仁愛路上的公司詳談。他表示，經濟部所屬的國營事業機構的廣告沒問題，要我構想一下，節目企劃完成後，由我來執行，並分享利潤。

有一天上班時間，東啟國到中油公司的工業關係處洽談廣告事宜，也順道到我辦公室，告訴我莫老今晚要宴請一位美國來的貴賓，也要我參加。老東走後沒多久，莫老來電話說今晚的貴賓是我上海同鄉，也姓王，從事電腦工作，晚上在銀翼餐廳，務必參加。

下班後到了銀翼，在莫老預訂的房間裡，我第一個到，坐下來稍事休息，點支煙，女副理進來給我倒了杯茶，我呷了一口，心裡在想，今晚莫老請客的那位美國姓王客人，又是從事電腦的，莫非是美國ＩＢＭ公司的工程師王安？他研發出一種中文小電腦，獲得了一筆鉅額獎金，報上報導說，他已離開了ＩＢＭ，自創了「王安電腦公司」，難道會是他？

（房間門打開了，莫老等五人進來）

莫：（牽著王安的手）來，我來介紹，這位（指王安）是王安先生，這位——（指我）是王唯先生，來，大家坐下談。

莫：王安先生在美國ＩＢＭ公司擔任工程師，他最近研發出一種中文小型電腦，非常受到華人社會的歡迎。他現在已經離開ＩＢＭ，自創了一家王安電腦公司，他想在台灣成立一家分公司。

王：莫委員特別推薦了王唯先生，我的意思是——如果王唯先生願意屈就台灣分公司的負責人的話，那是我最盼望的。

（天曉得，我對電腦這玩意兒一點興趣都沒有。我是為了生活，才在中油公司幹那撈什子的玩意）

我：電腦公司的負責人我是不敢當；不過，我可以推薦更合適的人給您。

王：（沒想到我會推辭）這——（轉向莫老）莫委員你看？

莫：（皺眉）這件事，（對王安）我回去考慮後，明天答覆你。來，（舉杯）大家喝酒！

我拂戾了莫老的好意，心裡頗感忐忑不安。

幾天後，老東又來中油洽談廣告事宜，順道到我辦公室，告訴我王安電腦台灣分公司決定由王安直接派人來負責，莫老從旁協助他拓展業務，憑著莫老在台灣的影響力，成效是可期的。

我為生力傳播公司構想了一個與眾不同的戲劇節目。不在棚內作業，也不是用當時流行的ENG來拍攝，而是用十六釐米膠片的電影攝影機現場跳拍，每週一次播一小時，故事採男女青年戀愛觀的探討，以意識流的手法呈現。

企劃案寫好，又寫了第一集的劇本，交打字員打好，呈莫老核可後親自跑去華視節目部找李明主任。

莫老看了我構想的節目企劃後，說話了：

「這份企劃案裡的電視術語，我看不懂，不過，我相信你的影視專業才能。」

「莫老，這個一小時的電視劇，用電影攝影機來拍攝，用拍電影的方式一個鏡頭、一個鏡頭來拍攝，它的品質是比較精緻。」我努力向莫老解釋：「情節的進展，採取意識流的方式，是我大膽的嘗試。我認為要提升台灣電視劇的文化藝術內涵，就不能一味的遷就觀眾，而主動的去誘導觀眾欣賞高品質的戲劇。」

企劃案「華視影展」以生力傳播公司的名義送進華視節目部審查，半個月後接到已獲通過的通知，囑派員具據領取第一集製作費新台幣壹佰萬元，一個月內完成A拷貝送審。

「華視影展」的第一集《他她之間》由我親自編導，以二十個工作天殺青，後製的沖印、剪接、配音又用了十天完成拷貝。我親自送交華視節目部主任李明，經過一位李姓編審看片後通過。由業務部邀請了提供廣告的廠商代表看完試片後，一致認為「曲高和寡」，看不懂，不願提供廣告。

我辛苦企劃、製作的「結晶」因此腰斬。

肩負電視節目的良窳把關重責的，竟是一堆提供廣告的廠商代表，豈不悲哉？

那位毛老師介紹的「龔大砲」以直言、行文豪悍馳名於抗戰前後的國內外，樹敵很多。晚年樂於獎掖晚輩，為國舉才。也為我寫了封八行書給他的摯友成舍我。世界新聞專校的創辦人成校長寫了封信給我，約我到校長室一談。

我抽空到位於木柵的世新校區謁見了成校長。

「你的專長是電影編導，可以在我們的電影科編導組兼課。目前夜間部的電影編導科擔任『編劇學』的老師經常請假，你可以先來代課，下學期正式聘任，好嗎？」

「謝謝校長。」

世新夜間部教務組很快寄了一張「編劇學」授課時間表，排定每週一的晚上，兩節課。

從此，我與世新結下了緣。這段緣，長達二十年，漫長的、崎嶇難行的二十年。

40

一九七二年，蔣介石當選第五任總統，蔣經國出任行政院長，當時蔣介石身體狀況欠佳，權力逐步轉給蔣經國。蔣經國趁此開啟一連串新政，象徵新時代的開始，我們也可說，此時台灣開始步入「蔣經國時代」㊺。

蔣經國上台時，其實內憂外患，危機重重，最嚴重是一向為台灣支柱的美國，在戰略調整下，漸與中國和解。一九七一年，台灣在「漢賊不兩立」原則下，無法接受中共進入

㊺王御風著《圖解台灣史》，第一八九頁，好讀出版公司，二〇一〇年出版。

聯合國，憤而退出聯合國，一九七二年美國總統尼克森訪中，簽署《上海公報》，這都象徵著美台關係生變。台灣島內，則因為經濟快速發展，都市中產階級興起，對於長期冰凍的政治有所不滿，壓抑許久的「黨外」反對運動再度復甦㊻。一九七三年的石油危機，是蔣經國一上台就碰到的經濟衝擊，蔣經國採用擴大內需的方式，推行「十大建設」來挽救危機。十大建設主要分為兩大部分：一是產業的升級，主要集中在高雄，分別是中國鋼鐵公司、高雄大造船廠、石油化學工業區；二是基礎的交通及能源，分別是中山高速公路、桃園中正國際機場、台中港、蘇澳港、北迴鐵路、鐵路電氣化及核能發電廠。這是國民政府在台灣主政以來首次大規模建設台灣，而且也確實利用內需讓以外銷為主的台灣產業在石油危機時期獲得喘息，因此台灣民眾對此評價甚高㊼。

蔣經國在政治革新方面，還有一大特色，就是大量啟用台籍菁英，李登輝、林洋港、吳伯雄、連戰等由此入閣，有人戲稱為「吹台青」（與當時一位歌星崔苔菁同音）。

七十年代台灣島內的經濟，以每年二位數成長，創造了「台灣經濟奇蹟」，也帶動了電影製片的黃金時代。繼中視於一九六九年十月三十一日開播，教育部的教育電視台因國防部的投資而改組為中華電視台，於一九七一年十月三十一日開播，台北影劇界窮酸多年

㊻同前，第一八九、一九〇頁。
㊼同前，第一九〇、一九一頁。

的老友們，生存機會增多，大家都活躍起來了。康總的馬驥、曹健、錢璐、張冰玉、張方霞等除拍攝電影外，還游走於三家電視台，忙碌異常。

台灣電影製片蓬勃的原因，基於以下幾點：

一、政府利用日片配額獎勵拍片，只要開拍就有一部配額中的幾十點，如果加上得獎的日片配額獎勵，和海外市場預售版權收入，即可撈回成本有餘，台灣市場收入等於淨賺。

二、台灣國語片市場好轉，許多台語片公司轉拍國語片。

三、邵氏兄弟公司在台灣的收入無法全部結滙，找台灣導演包拍消化台灣市場的收入，潘壘、郭南宏、辛奇、丁善璽、張曾澤等都替邵氏兄弟包拍過電影㊽。

電影《迷霧疑雲》劇本書影

㊽參見王唯著《台灣電影百年史話》上冊，第二八四頁，中華影評人協會，二〇〇四年十二月初版。

另外，由於台灣製片環境好，以往台灣片商往香港投資的現象，反轉過來，香港片商紛紛往台灣投資拍港資台片，幾乎完全起用台灣的編導和演員。如香港自由公司的黃卓漢最先回台灣拍片，李行、李翰祥、胡金銓、宋存壽都替他拍過片。老牌影星王引，以台灣為晚年拍片基地，與台灣片商合作，拍過《喋血販馬場》、《鐵甲兵團》、《天下父母心》、《煙雨濛濛》、……《花落誰家》等名片。香港的王龍在台灣拍過《難忘的一天》等多部名片。香港名製片人吳源祥以萬聲電影公司名義在台灣大量投資拍片，曾以百萬元高薪請白景瑞導演《再見阿郎》和《老爺酒店》，也投資李嘉導《高山青》等十幾部影片。影星王豪移居台灣，以華僑公司名義，拍過《一萬四千個證人》、《太平洋之鯊》，也與我聯合導演了《迷霧疑雲》㊾。台灣儼然成為港台製片中心。

台灣島內一片欣欣向榮之際，而在中國大陸，繼各種運動之後，又在一九六六年開始，如火如荼地進行十年的「文化大革命」，黑五類、走資派，甚至很多高幹遭到清算、鬥爭、下放、勞改。

香港王龍來台北籌拍電影，帶來了上海桓哥給我的信，信上寥寥不到一百字，語氣好像有什麼疑慮顧忌。

㊾同註㊽。

菲僑蘇子邀宴戲劇前輩，左起王唯、蘇子、賈亦棣、鄭嬰之、吳若。

他告訴我他現在上海工作，生活安定，他還告訴我，母親已於一九七二年逝世。

我託王龍返港後，寄四百元美金給桓哥。

由陳為潮製作，何方、丁衣、高前編劇的台視晚上八點檔國語連續劇《滿庭芳》，趙振秋導播，主要演員曹健、錢璐、傅碧輝、王瑞等，全部製、編、導、演都是康總的班底，製作人陳為潮顯有「門戶之見」，但《滿》劇製作嚴謹，播出後佳評潮湧，廣告滿檔，公司頒給每人一面獎牌。

何方介紹我參加中華民國編劇學會，在年會中，認識了不少編劇老前輩，像賈亦棣、鍾雷、雷亨利、鄧綏寧都是久聞其名。康總的丁衣、高前、彭行才、金馬，還有王紹老幹校一期的學生張永祥、姜龍昭，二期的貢敏，在年會中都見了面。賈亦棣剛接任中國戲劇藝術中心副主任，他邀請我擔任中心的委員。

中國戲劇藝術中心首任主任是李曼瑰，副主任劉碩夫，兩人在劇運低迷時期，拓展「小劇場運動」不遺餘力，舉辦青年劇展、世界劇展、實驗劇展、大專院校話劇比賽，成效可觀。一九七六年四月，中心採委員制，在委員大會中選出 旅菲僑領蘇子（一九二〇—）為主任，賈亦棣、鍾雷為副主任。

蘇子何許人？十足的超級戲迷也。福建晉江人，抗戰時期在菲列賓巡迴演出抗日話劇一百齣以上。勝利後在菲列賓經營布業、保險、地產、貿易，所獲利潤在海內外拓展劇運，曾獲僑務委員會「海光獎章」。在台灣，祇要有話劇上演，他一定資助演出。自從他接辦戲劇中心，租下了台北羅斯福路上一幢大樓的一層樓作為中心辦公室，聘請幹校一期的羅心德為秘書長，演出了很多的話劇，還出版了不少戲劇叢書，所費不貲。

在台灣戲劇運動低迷之際，突然出現了這一位傳奇人物，實在難能可貴。我在多篇劇評與呼籲政府〈正視戲劇的震憾力〉文章中，難免會提到蘇子對台灣戲劇運動的貢獻。

蘇子家在陽明山上，到了晚上常常高朋滿座，大多是資深戲劇從業員，偶有戲劇學者。我因為沒有車，所以很少去他家，去了幾次，都是他派車來接我。我與他交往幾年中，曾有意邀請我去菲列賓講學，順便排演話劇，因為我那時在中油上班，無暇前往而作罷。

一九七五年初，袁叢美廠長接掌世新電影科，還帶來了他的好友，資深導演孫俠擔任廣電中心執行秘書。王紹清由於袁的推薦，出任廣電科主任。他們兩位老前輩在排課時把我的課排得滿滿的。廣電科日間部兩節「戲劇概論」，夜間部兩節「表演學」。電影科日間部與夜間部的「編劇學」，我全部包了，外加電影科技術組的兩節「藝術概論」，每週授課達十四節，日間部的課太多，中油公司的請假有限，有困難，我與袁叢美主任研究，如何減少我的課。由於我的堅持，把電影科日間部的「編劇學」辭掉，維持每週授課八節。

吳風不是忙於錄影就是通宵打牌。他太太盧台蘭正在演《八號分機》裡的女刑警，我們很少見面。有一天晚上，他突然回來了，告訴我，他的牌友台灣廣播公司的馬老闆想拍電影，願意投資一半，另一半要吳風負責。

「你看，有沒有朋友要投資的？」吳風在小沙發坐下，點燃了一支煙。

「我的朋友大部分是軍公教，有錢的朋友不是沒有，而是很少往來。」我說。

「傻瓜，有錢的朋友為什麼不來往？」

「他們身上的那股銅臭味，實在受不了。」我以調侃的語氣說：「不過，我可以忍受，畢竟，老朋友的感情還是存在的。」

「我構想了一個文藝片的故事，片名叫《茵夢湖》，想請胡茵夢來擔任女主角，我演男主角，你是編導，台廣的馬老闆完全同意。」

「好吧，讓我試試看，可是一點把握也沒有。」

我是問了幾個經商的朋友，包括「遠東」的徐有庠，都說沒有興趣投資，我把實情告訴了吳風。

何方的朋友張興魁來台北，何方請他吃飯，也約了我。張興魁任職台灣省新聞處，目前負責與中視公司合作製作電視節目「中興劇場」，每週播出一次三十分鐘電視劇，也邀我每月寫兩本。是單元劇，我欣然同意。

一九七八年，三家無線電視台在商業掛帥的壓力下，節目型態及內容的趣味迎合觀眾，忽視了電視的社教功能，在三台惡性競爭的結果，節目內容日趨低俗，招致各界指責，引起國民黨主席蔣經國的注意，立刻指示黨營的中視：「電視節目應以社教為著眼點，不應只以營業為目的，為提倡社會善良風氣，即使業務稍有虧損，亦應在所不惜。」當時的中視總經理梅長齡（一九二〇至一九八三）秉承上述指示，即以淨化節目為主要目標，首先，他毅然取消了每晚八點的黃金時段播演連續劇，代之以知識性、社教性、新聞性的單元節目，如「挑戰」、「奪標」、「天下奇觀」、「六十分鐘」、「名劇精選」

等，梅氏終以壓力過大，積勞成疾逝世㊿。

小英第三次懷孕了。我與她商量，不管第三胎是男是女，到此為止不要生了，小英完全同意。

一九七五年三月一日，小英生下第三位女公主，芳名亞韋。小英坐月子期間，岳母因舊疾復發，臥病在床，無法前來台北，幸有李克仁太太就近幫忙照顧。

吳風的太太盧台蘭個性豪爽，有一天問小英：「王太太，你知道吳風最近在忙些什麼嗎？」

英：不知道。

盧：那部《茵夢湖》的電影，快要殺青了。

英：不是要王唯找人投資的那部嗎？

盧：是呀，那部電影台灣廣播公司的馬老闆要投資一半，由吳風與胡茵夢主演，王唯導演。

英：可是，那另一半不是找不到人投資嗎？

盧：後來有一個年輕導演說可以找到金主，祇要一開鏡，最晚拍到三分之一，資金

㊿ 同註㉖，第一〇七頁。

一定可以進來。結果片子拍到一半也沒有看到資金進來。馬老闆不能讓片子停拍，如果不拍，等於投下的錢全部泡湯，祇好硬著頭皮繼續投資，現在快要殺青了。

英：這部電影，等於那位馬老闆獨資的。

盧：可不是嗎？所以呀，你的王唯太傻了，就不會撒個謊，就說資金沒問題，祇要戲開拍，或拍到一半資金一定到位。

英：王唯是君子，他不可能這樣做的。

盧：（不以為然）當君子有幾個能成事？現在呀，都在騙，（越說越激動）尤其是政治人物，哪一個不在騙？那個什麼朱——朱高正的說，政治是高明的騙術，其實呀，騙得並不高明——

（我這時下班回來，進到客廳，聽到盧台蘭的談話）

我：「政治是高明的騙術」這句話，不是朱高正說的，他是引用德國黑格爾的話。

盧：我不懂什麼黑格兒白格兒，我祇曉得現在的政治太黑了。

我：（感慨地）當然，這也是事實。

41

一九七五年四月五日，是一個大晴天，傍晚時分，穹蒼突然一片灰暗，不久傾盆大雨，雷電交加。翌日凌晨，從收音機裡驚傳，總統蔣公蒙主寵召。機關學校升半旗，電視畫面以黑白呈現。副總統嚴家淦依憲法規定繼任總統。

蔣介石仙逝後不久，毛老師奉准退役，跟隨他多年的劉秘書也請准提前退役，兩人搬進了新店一幢兩層樓的房子，前後左右大約一百坪的院子裡，滿植各種果樹與花卉。毛老師平時以看書、練書法、種花、打太極拳自娛，我幾乎每個星期日去探望他，發現他的二樓有一間佛堂，原來他已敦信佛教了。

老康總的一位同事曲弘來談，說王豪最近要開拍一部懸疑電影，想跟我聯合導演，問我有沒有興趣。

王豪，這位電影界的資深演員，曾經紅過一段時間，與陳燕燕離婚後，在台灣改行當導演，拍過幾部戲。有一段時間開過一家規模不小的演員訓練班，我曾去教過幾堂課。在我的印象裡，他愛喝酒、愛上酒廊、酒家，揮霍無度，這種人不是合作的對象。

我把疑慮說給曲弘聽。

「他已經不是從前的王豪了。」曲弘為王豪辯白：「他從前的那些老毛病，現在都沒有了，連香煙都想戒掉。」

在曲弘的勸說下，我答應與王豪見面。

我們在中山北路的藍天餐廳見了面。

（王豪從皮包裡取出一本劇本，遞給我）

（劇本封面上印有《迷霧疑雲》的片名）

豪：這個劇本是一個新手寫的，還得麻煩王唯兄修改一下。

我：（把劇本隨手翻了幾頁）這個劇本，王大哥已經看過了，你覺得在什麼地方需要修改？

豪：《迷霧疑雲》是一部懸疑電影，我覺得寫的不夠懸疑。（稍頃）這部戲的投資老闆是一位醫生，我多年的老朋友，他已經為你開了一間統一飯店的房間。

我：（面有難色）我習慣在我書房裡寫東西的。

豪：可是，我的朋友已經訂好了房間，明天你就搬進去寫吧。

已經答應了王豪，騎虎難下。向中油請了三天事假，搬進了統一飯店。

我在統一的房間裡，足不出戶地整整三天，三餐都由女侍送進來，還送來一條Kent香煙，說是曲製片交她送來的。

我先把整個劇本仔細的看了一遍，邊看邊記下該修改的地方。我看完後，已經抓住了修改的方向。我決定整個情節架構不動，在幾場關鍵戲裡，加進了一些東西進去，製造了懸疑的預伏。劇本裡的片頭本來是這樣寫的：

大遠景，澳門女子健身院的外貌。鏡慢推成中景，一塊招牌「澳門女子健身院」。溶出後溶入：中遠景、室內，一群女子在練摔角。疊印片頭字幕。

這種寫法、拍法太陳舊。

我把它改成：

1大遠景（澳門女子健身院的外貌，鏡慢推成中景，一塊招牌：「澳門女子健身院」）溶出

2溶入：中遠景（一群女子在練摔角）跳離

3跳入：近景（林琳被摔倒）跳離

4跳入：特寫（林琳臃腫的臀部，停格，字幕：片名）溶出

5溶入：中近景（另一女子在摔角）字幕：演員表溶出

6溶入：特寫（被摔後的一個怪動作，停格）字幕：演員表溶出

7溶入：遠景（一群放學後的小學生）跳離

8跳入：中景（兩個小學生邊走邊玩球）跳離

9跳入：近景（牆角，突然伸出一枝手槍，詭異的音樂）跳離

10跳入：中景（兩個小學生繼續行進中）跳離

11跳入：特寫（那枝手槍隨著兩個小學生的行走而慢慢移動）跳離

12跳入：中景（一個小學生持玩具槍從牆角跳出來，強烈的音樂）跳離

學生甲：（大聲地）不要動！

學生乙：嚇我一跳！

（三人邊走邊聊天，鏡跟隨搖攝）

學生丙：那家女子健身院裡，經常有男生進出，到底在幹什麼？

學生甲：（指前方）那邊大門旁有一棵樹，我爬上去看看。跳離

13跳入中景：（學生甲跑到大樹下，使勁的往上爬，另兩個同學扶著，推著學生甲，鏡搖上，終於爬上了樹頂）跳離

14跳入：近景（學生甲向院內望去）跳離

15跳入：中景（院內，女子們在練摔角）

劇本修改好，曲弘拿去打字行把修改部分重新打字。這段時間裡，我利用晚上約見了演員蔣光超，商定片酬以一天一萬元計算。我還跟曲弘到公賣局勘察大禮堂，與總務科長商定每晚租金五仟元。另外，香港船王董浩雲在淡水有一幢別墅，管理人陳先生與我見了面，說好了租三個晚上，每晚租金二仟元。

王豪來電話告訴我，一週後的一個黃道吉日，在公賣局大禮堂開鏡，拍攝第一個鏡頭是女子摔角。

在開鏡前三天，我們有一次會議。與會的有許醫師、王豪、我和曲弘。

（許醫師是王豪的老友，也是這部電影的投資人，他首先發言。）

許：還有三天，這部戲就要開鏡了，我們特別邀請王唯教授來參加導演工作，是因為王豪兄在戲裡還要飾演一個重要角色，無法兼顧導演，所以要請王教授多偏勞了。

曲：王唯兄是我康總的老同事，過去也拍過幾部戲，在美國修習導演，對蒙太奇的研究很有功力，所以我特別推薦他來參加聯合導演。

我：我會傾全力來做好我的工作。

豪：（翻看劇本）王唯兄修改的幾場戲，都還不錯，不過，片頭裡三個小學生恐怕不好找。我看，還是照原來的，不要修改了。

我：原來的方式太陳舊，我修改以後的畫面，可以增加些懸疑的氣氛。至於說這三個小學生，我們戲劇中心每年舉辦的兒童劇展，有不少得獎的兒童都很會演戲，所以小演員不是問題。

豪：（無奈）好吧，片頭由王唯兄來負責了。

許：（對王豪）你們兩位應該事先分配一下工作。

豪：我負責開鏡戲，是在公賣局大禮堂拍的女子健身院。原則上，王唯兄負責拍他修改的戲。其他的戲，我會臨時看情形請他來拍攝。

王豪這種安排，我覺得很不妥，但基於他是前輩，我不便當面提出我的疑慮。開鏡的第二天，各報都刊登了王豪開拍新片的消息，沒有提到我。王豪的名氣比我大，他掩蓋了我，很正常。

王豪連續拍了十天，把公賣局大禮堂的健身院、董浩雲別墅裡蔣光超的戲全部拍完，許醫師突然倉猝地跑來找我，他說他要把王豪的導演換下來，請我一個人來掌鏡。

「許醫師，這是為什麼？」我驚奇地問。

「王豪這傢伙，我們還是老朋友！」他怒目橫眉地說：「他跟製片曲弘聯手來A我錢，在會計那裡，以少報多。」

「不要衝動，可能是誤會。」我說。

「公賣局裡我有很多病人，前幾天我碰見一個病人，我問他公賣局的大禮堂租金為什麼這麼貴？那個病人正好是大禮堂的管理人，他說租金是公定價，每晚兩仟元。我問他如果通宵拍電影，租金多少？他想了想說：連電費一晚要收五千元。你猜，他向會計報了多少？」

我搖搖頭。

「他報了一萬！」他氣憤地說：「蔣光超是你去請的，說好一天一萬，他報了一天兩萬！」

聽完了許醫師的一堆牢騷，我感慨地嘆了口氣：「唉！也難怪你會生氣；不過，他是你的老友，原諒他吧。你把他導演拿下來，對他是很丟臉的，站在我的立場，我也不會去接王豪的工作。」

許醫師沉默了，沉默也是一種承諾。

王豪的公司停擺了兩天，曲弘來電話了，說王豪的戲要休息一下，先拍我改寫的二十幾場戲。

我以十個晚班，三個通宵拍完了客廳、臥房、通道、台大校門的全部實景，還利用一個星期日陽光普照的整天，拍攝片頭一群小學生的戲，三個純真可愛的孩子，演來很傳神。

全片殺青，看毛片，發現整個結構、節奏無法統一，是一部爛片。

在後製階段套片頭字幕時，我要求把我的名字刪去。

我在中油總公司十年中，上班時間經常有人找我，電話也多，確實犯了公務員的大忌。在拍「迷霧疑雲」時，那位劇務老徐幾乎每天一早在實踐大樓的會客室，等我拿當天的支配單。中午午餐時，也經常帶朋友到實踐堂餐廳吃飯。這樣就引起安全室人員的注意。有一位年輕的同事告訴我，有人在調查我。

我很火，很生氣，一輩子忠黨愛國，我「思想」被人懷疑有問題！我怒忿忿地拜望了安全室馮仲達主任。

「你們這些外行在幹安全工作！」我在咆哮：「你要承認你們的工作是失敗的，我這個被你們調查的人，知道你們在調查我。」

馮仲達很惶恐但強裝笑臉地請我坐下：「王兄，這是誤會，完全是誤會。」

「我希望你向安全最高單位查查我的背景，並且希望把我的資料改好一點。」我懇切的說：「你們的資料是跟人走的，拜託了，不要誤我一生。」

一九八二年三月一日，我應世界新專創辦人成舍我的再三堅邀，接掌世新電影科，臨別前夕，同事們為我餞別，總經理李達海約我見了面，表示關切之意。

其實，在我選擇世新教書之前，曾經歷了內心自我鬥爭的掙扎過程。中油那些老同事們，大多已是主管階層，而我仍在原地踏步，我有極大挫折感；但中油畢竟對我有二十年深厚感情，而世新創辦人成舍老對我的器重，令人感動。

穹蒼下，細雨吻著大地，我獨自一人在斗室窗前仰天長嘆，喃喃自語。世新？還是中油？像《哈姆雷特》劇中的哈姆雷特那句有名的獨白：To be, or not to be.這種猶疑、衝突的精神狀態，讓我感到痛苦。

PART 3

1982-1996

戲劇教學之路

42

我應老報人成舍老邀約，赴世界新聞專報謁見了他。

他以和藹的笑容迎向我，這種「可親」，我相信任何人看到了一定樂意為他效命。他希望我最好去取得博士學位，但當務之急是整頓世新，籌備電影科未來升格為大學的計劃。他要我先接廣電中心的執行秘書。電影科已由楊樵執掌，袁叢美轉任兼任教授，但楊樵現正在請假中。廣電科主任是王紹清教授，病後在家休養，所以，我目前必須代理兩科的主任職務。

電影與廣電兩科的主任辦公室是在同一間的，兩張大辦公桌面對面合併在一起，兩位科主任談話很方便。王紹老銷假到任後，我常聽到他詼諧語帶調侃的談話，尤其他那一口四川鄉音，頗有戲劇效果。有次他提到抗戰前在委員長南昌行轅調查股上班，股長是鄧文儀將軍，他與戴笠是股員，平常以「老戴」稱呼，王紹老的四川鄉音聽起來好像是「腦袋」。有一天，老戴升任股長，要搬離紹老對面的座位，進到另一間股長辦公室，紹老說話了：「腦袋要搬家了！」

蔣經國於一九七八年當選第六任總統後，繼續執行他的新政，鞏固他的政權，但「本土化」、「增額選舉」還有「經濟奇蹟」下興起的中產階級，讓冰封許久的政局出現變化①。「中壢事件」後，許信良當選桃園縣長，讓蔣經國的政策大受打擊，開明派大將李煥去職，強硬派的王昇上台，也種下了「美麗島事件」的伏筆。②黨外反對運動迭起，黃信介、呂秀蓮、施明德、姚嘉文、張俊宏等因「美麗島雜誌社」高雄服務處舉辦大規模的遊行，與警方發生衝突，多人受傷，遭警總逮捕入獄。

我的好友，那位忠厚、木訥的林二教授，因與呂秀蓮等黨外人士接觸，雖然沒有受到波及，但仍遭警總的監控。

林二（一九三四至二○一一），苗栗竹南人，一生奉獻音樂教育與創作。他在美國西北大學獲音樂碩士，伊利諾州立大學音樂學院博士班專研電腦音樂，曾獲美國休士頓藝術奧運特別頒發「音樂大師終身成就獎」。

這樣的傑出人才，世新應該吸收。我安排他在廣電科

林二在世新廣電科

① 王御風著《圖解台灣史》，第一九六頁，好讀出版公司，二○一○年出版。
② 同前，第一九七頁。

擔任「音樂概論」的副教授。另外，我還聘請了有博士學位的楊汝舟將軍，擔任「國父思想」的教授，留美回國的周成功擔任「英文劇本選讀」的講師。

我上班的第二天，有一位某大報的女記者到我辦公室，訪問我有關世新的事，我請她應該去找校長，女記者說就是校長要她來找我的。我請她坐下，女記者開門見山的問我：「你們董事長是不是很吝嗇？」

奇怪的問題！

「小姐不是新聞科系畢業的吧？」我問。

她笑答承認不是新聞科班出身。我說：「採訪、發掘問題應該用迂迴的方式，不宜直接。妳剛才的問話，我該怎樣答覆妳？」

那位女記者微笑，瞪著我看。

「不過，我仍然可以答覆妳。」我想了想說：「我們董事長的個性不是吝嗇，而是節儉。」我笑問：「妳不否認節儉是中國人的美德吧？」

在她半小時的訪問中，我警覺到來者不善，她是有備而來挖世新瘡疤的。等她走了以後，我打電話到該報查詢那位女記者的背景，原來她曾唸過世新編採科，因曠課太多被退學而心存不滿。

我每週授課仍維持兼任時代的八節，空暇時間與助教們研究「整頓」世新的專案作業。

整頓世新談何容易？可以說是千頭萬緒，最主要的是要花一筆龐大的經費，節儉成性的成舍老是否捨得？諸如增建一座電影攝影棚，大批專任教師的增聘及其研究室的增建，還有校區樓下只有一間學生廁所，每逢下課時學生們大排長龍的怪現象急待改善，增建學生廁所是刻不容緩。

袁叢美在接掌電影科時，曾聘用了抗戰時期中製廠的首任廠長鄭用之，也是毛老師的老友。有時候，我們在下課後，在教師休息室談中國的電影，談如何培植新電影人，談電影科學生的就業問題，我們有一個共同的觀點，就是畢業班學生需要加強實習機會。我提出了一個構想，把舊大禮堂改建為一座電影攝影棚，可以找一位片商來合作，在既有的基礎上改建。因為舊大禮堂高度不夠，必須加高二米後才能安裝燈光板架，全部改建費用及添置棚內設備由片商負擔。未來的攝影棚片商有優先經營權，但電影科的學生必須參與拍戲實習。這個建議大家覺得很好，於是袁主任跟我向成舍老報告，獲得首肯後，大家開始物色一位殷實可靠的對象。

我們透過瞭解，與白景瑞合作多年的前中影資深攝影師林贊庭有一座攝影棚，經營得不錯，於是找他來學校談談，也把我們的構想向他說明。他在舊大禮堂內巡視了一番後，欣然同意。我們又向成舍老報告這個好消息，以他節儉的個性，學校不花一毛錢就可以增加一座電影攝影棚，電影科的學生還可以參加實習，當然一口答應；不過我們向他報告建築物必須加高，他又猶疑起來，他考慮的是建築體的安全問題。我就到倉庫裡找出了當年的建築圖，跑到王大閎建築師那裡，請教他建物加高的安全問題，他看了看後表示，地基很深，加高二、三米沒有安全問題。我們把這個事實再向成舍老報告，並且強調，電影攝影棚的建立，對學生是件好事，也可以對教育部有個交代，因為每年的評鑑都要求設立電影攝影棚。

我負責的廣電中心裡，有一座小劇場、兩座電視攝影棚、一座廣播電台，還有錄音室、剪接室、沖印室以及兩個保管電影器材的倉庫。

有一天夜晚，樑上君子光顧一個倉庫，取走了兩部十六釐米電影攝影機、一部十六釐米電影放映機。職責所在，我簽報校長轉呈董事長，成舍老批示要倉庫保管人、電影科的李姓助教賠償。

我與張校長討論，要李助教賠償是否合理？

「李助教平時工作很認真，每天下班前，一定到樓上倉庫檢查門鎖是否鎖好才離開。」我說：「半夜小偷把門鎖撬開，應該不是保管人的責任。同理，如果世新的出納組裡的保險箱被小偷搬走，難道要出納組長承擔責任？」

張校長無奈地聳聳肩，雙手一攤：「沒辦法，董事長的決定，誰能否定？」

「倉庫是在廣電中心樓上的，我是中心負責人，我來賠好了。」

我上簽呈給董事長，表示我願負倉庫失竊器材之責，請示可否分期扣我每月的薪水。第二天簽呈批下來了，「照會計帳面上的金額，分期扣還」，並會知會計室自下月起照辦。

我跑到會計室，請經辦會計查查失竊的攝影機與放映機現值多少？我幹過會計，知道固定資產視其使用年限，有一定的折舊率，每年要提折舊。我看到會計給我的帳面金額是十多年前購置時的原價，沒提列折舊。

我問會計主任，下月開始扣我薪水了，總共要扣多少錢？

「當然是兩部攝影機和一部放映機的帳面金額的總和，分十次扣還。」

「可是，帳面上是十多年前的金額，沒有提列折舊。」我提出疑議。

「這個——」會計主任有點猶疑：「這要問董事長。」

事情有點蹊蹺，有關我權益受提問題，我必須據理力爭。

在董事長辦公室，我與會計主任面謁了成舍老。

「報告董事長，會計帳面上的金額有問題。」我說。

「是什麼問題？」成舍老問。

「電影攝影機和放映機是固定資產。」我耐心的解釋：「根據所得稅法規定，應該針對它的使用年限，每年要提列折舊。」

成舍老在用心傾聽，又好像在思索。

「現在我要賠償的兩部攝影機和一部放映機的帳面金額，是十多年前購買的金額，這十多年來，一直沒有折舊。」

「是這樣的嗎？」成舍老問會計主任。

「是——是的——」會計主任期期艾艾的回答。

「就按王老師說的規定辦理，我們不能違法！」成舍老對會計主任的指示。

我回到辦公室，總務處的成主任在我座位上等我。

「新蓋的大樓已經完工，麻煩你跟我一起去驗收電的部分。」成主任站起來，拉著我走出辦公室。

「為什麼要我去驗收？我不懂電。」我拒絕，不去了。

「是董事長的指示，你是電影科的負責人，凡是有關電的部分都由你來驗收。」

這是什麼邏輯？真是啼笑皆非！

「其實總務處有位十多年經驗的專業電工，董事長認為身分不夠，一定要你來擔任驗收工作。」成主任勸慰的口吻：「整個大樓的電氣設備都沒有問題，我跟電工都已經試驗過了，你就勉為其難的蓋個章吧。」

那棟由名建築師修澤蘭女士設計施工的大樓，巍然聳立在體育場旁。我與成主任走近了樓下大廳，在電梯旁遇見了那位電工，我上前問他：「整棟大樓的電都沒有問題吧？」

「沒有問題。」電工說：「電燈、電腦、電梯、電源開關都試驗過了，全部ＯＫ。」

沒辦法，我在驗收單上，謹慎地蓋下了章。

43

廣電中心裡的兩座電視攝影棚，完全比照電視台的攝影棚設計的，規模較小，器材也不夠專業，本來都是供廣電科的學生實習用的。後來樓下的那座彩色攝影棚，有一次租借給一家廣告公司，拍了一部廣告片，效果不錯，租金又低廉，消息傳開，其他廣告公司絡繹不絕地前來廣電科，洽談租借攝影棚事宜。

科主任每天必須把當天科裡發生的事紀錄在工作日誌上，下班時由工友送進董事長室呈閱，第二天中午前，工友會將工作日誌送回來。廣電科王紹老還沒到差，電影科楊樵在台中打官司，我必須把兩個科的科務記錄在兩本工作日誌上。當然，我也把廣電科的彩色電視攝影棚最近的出租率驟增，外間的廣告公司爭相申請承租，實有應接不暇之勢，據實記錄下來。

第二天，廣電科的日誌上成舍老批示：「彩色攝影棚是否租金太低，可酌予調高。」

過沒幾天，成舍老把在世新廣電科技術組一位兼任講師，中視工程部的副理找來，要他定出一個彩色攝影棚「合理」的租金。那位副理就把中視龐大又專業的攝影棚出租租金作為參考，打了個七折的價格，建議世新出租攝影棚的定價。那個定價數字，把那些廣告公司嚇跑了。

我是知道那個攝影棚租金定價，是中視工程部的人建議的，我曾請他在下課後來辦公室，問他攝影棚的租金是否太高？他告訴我：「董事長認為，按照原來的租金加一倍是合理的。我建議的價格，正好是原來的一倍。」

彩棚出租業務日趨蕭條，在廣電科的工作日誌上顯示後，成舍老找我了，約我在下午下班後，在大門口新聞大樓內的「小世界週刊」編輯部見面。

他老人家經常在「小世界」審查原稿，大樣出來後，還用放大鏡仔細檢查有沒有錯字，這種事必躬親的做法實有待商榷，我忍不住說話了：

「小世界有編輯、校對，董事長何必親自出馬？」

成：（嘆了口氣）唉，我是不放心啊！去年有一篇文章，提到中央政府，檢字工人不小心，把「央」字誤植為「共」，「中央」變成「中共」，事情鬧大了，警總馬上派人來調查，那個檢字工人被抓去關了很久。（轉變話題）對了，廣電中心的那座彩色攝影棚要想辦法繼續出租呀。

我：那座彩棚裡的燈光、錄音、攝影設備，沒辦法跟專業攝影棚比——

成：可是，為什麼有一段時間，很多廣告公司要排隊來租棚？

我：那是他們貪圖租金便宜，棚裡燈光不夠，他們自備輔助燈光，攝影機都是用他們的ENG，或十六釐米的電影攝影機。

成：（想了想）我不是捨不得花錢，如果你能保證攝影棚生意不斷，我可以更新全部設備。

（要我保證生意不斷？我愣了）

（此時，司機老徐為他買了晚餐回來）

徐：（把三個麵包遞給成舍老）

成：我是要你買兩個，怎麼多了一個？

徐：是老闆多送一個。

成：（把一個麵包遞給老徐）浪費了，把這個退掉。

徐：（不耐煩地，接下麵包）又不能退錢，你吃不下，我吃！（咬了一口，逕自離去）

（聽說老徐的薪水是修澤蘭女士付的，老徐開的那部裕隆汽車也是修女士送給成舍老的。修女士是回饋成舍老對她生意的照顧，因為世新的好幾棟大樓都是修女士設計興建的，連修女士設計興建的新店「花園新城」，成舍老也買了一戶高級別墅。）

一個學期快過去，我除了授課，處理兩個繁瑣的科務外，繼續與助教們討論，撰寫「整頓計畫」，成舍老也不時問我進度，也提出他的想法；不過，他的想法與我相去逕庭。

學期快終了，我構想了一個電影科的活動：「世新校友電影週」，從週一到週五，每天下課後放映一部世新校友導演的電影，週六下午舉辦一場座談會，我請了五位校友導演來了虞堪平與張毅兩人。座談會中同學們熱烈發言，並向兩位學長提出許多問題，整個會場的氣氛極好。

我在電影科的工作日誌上寫下：「世新校友電影週活動擬每年舉辦一次。」第二天，工作日誌發下來，我翻開看，紅筆醒目的幾行字：「電影科學生是為唸書，而非看電影來的，以後這種活動不必辦。」

我私自掏錢租影片，請校友吃飯，結果是吃力不討好，我是非常洩氣的。

在幾年前，台北一家報紙刊登了一則消息，說教育部計畫在北部成立一所國立藝術學院，經向教育部人事處求證屬實。當時我就在那家報紙發表了一篇表示反對的文章。我認為，成立於一九五五年十月三十一日的國立藝專，有將近三十年的辦學基礎，培養了許多優秀人才，理應順理成章改制為學院。教育部為何捨藝專升格而另創一所藝術學院？造成北部有兩所國立藝術學院的重疊現象。一九八二年七月，「國立藝術學院」在關渡校舍尚未興建完工之前，竟借台北市辛亥路國際青年活動中心內辦公、招生、授課。教育部對公私立學校的設立或升格，都有嚴格的規定，諸如校地面積、校舍、設備、基金、師資等，都需經過繁瑣的審查緩慢過程，而「國立藝術學院」卻在眾目昭彰下竟然違法招生、授

活潑、天真、無邪的三個女兒漸漸長大了。最好停格狀態，不要再長大。

課，對一些屢次報部設校、升格而遭批駁的學校（包括國立藝專）而言，實難以信服。為此，我向有立委身分的成舍老報告「州官可以放火，老百姓不能點燈」的奇聞，成舍老聽後表示：「我會關注這件事情。」

44

三個女兒漸漸長大了，一家五口與吳風夫婦兩家合住顯得有點擁擠，於是想另覓新居。

有一天晚上，李克仁夫婦來家聊天，談到他最近剛自一家公司退休，領到一張八萬元的勞保退休支票。問我要不要買一間房子？他可以提供這張支票作為部分自備款。這位老大哥的盛情感人，他們倆夫婦認為我們需要買一間屬於自己的房子，我與小英商議下，決定接受他們的建議。

台北市的房子太貴，不必考慮。求其次，台北縣吧，毛老師不是有很多老友住在中、永和？袁日省、劉韻石、于歸這三位國大代表都住在永和中正路附近。還有一位有點傳奇性的人物宋祥雲，一九四七年是中共華南軍區的政委，來台時帶了二百多位香港兩家航空公司的員工，台灣政府把他們分派在各單位工作。我們這位宋大哥也是洪門的山主，他也住在永和。

我和小英在星期日一早，坐公車到永和，先探望了宋大哥。宋大嫂告訴我們，隔壁巷子裡有一戶四樓要賣，她很熱心地帶我們去看房子，是三房兩廳，前後有寬大陽台，座北朝南光線充足的公寓，屋主是台北合作金庫的職員，他表示，只要自備十五萬元，其餘的四十五萬他可以負責向合作金庫辦理二十年貸款，只要先付清自備款，買賣契約訂立後，馬上可以交屋搬進去住。

太好了！打鐵趁熱，第二天星期一早晨，我請了半天事假，到台灣銀行領了七萬元出來，連同李克仁那張八萬元的國庫支票，放進了皮包，在合作金庫指定的代書那裡，與屋主簽訂了買賣契約，交付了自備款。屋主三天後將屋淨空搬走，我與小英連續利用兩個晚上前去清掃乾淨，星期日，我們一家五口搬進了新居。

王紹老已經開始上班，但楊樵仍為台中官司所苦，尚在請假中，我仍需代理他繁瑣的科務。突然有一天，張校長來科裡，交給我一張李行的聘書，說是電影導演李行要來接電影科主任，等一會兒他來了以後，要我代表楊樵辦理交接手續。

張校長走後不久，我從窗外居高臨下看見一部黃色計程車在廣電中心戛然而停，走出來的正是李行。他朝中心張望，顯然的，他沒來過世新，我馬上跑出去跟他打招呼，迎他上來。王紹老在師大藝術系教過白景瑞，沒教過教育系的李行，但他們相知已久，兩人打過招呼後，我讓李行坐在王紹老對面的位置，將電影科的印信及一本工作日誌，連同一份臨時寫好的移交清冊，雙方蓋了印，移交於焉完成。

我簡單的介紹了科裡的狀況，李行笑問我：「好不好幹？」我說：「你幹了就知道了。」

「科主任不是也要授課？」他問。

「是的，你這位副教授每週要授課六節。」我說。

「那——我應該擔任什麼課？」他又問。

「當然是你的專業，電影導演。」我說：「不過，這幾年導演學的課一直是袁叢美和陳文泉擔任的，這學期快結束了，我可以先把我的導演實習課讓給你，等下學期由你自己來排課吧。」

我來世新專任，是當初成舍老再三堅邀，先代理電影科主任，兩個月後再真除。現在，李行來接掌電影科了，我已無必要再留下來。於是，我寫了簽呈，請准予恢復兼任。簽呈一直沒有批下來，有違常理，正感到納悶，忽聞李行不幹了。不久，接到張校長電話，談話中，證實了李行求去的消息。

持平而論，以李行在電影界的「身價」，來世新擔任副教授兼電影科主任，雖具學術地位，但月支新台幣貳萬元，他能接受嗎？

（在新聞大樓的「小世界週刊社」內，成舍老約見了我）

成：王老師，你來接電影科吧。

我：報告董事長，我看您還是另外聘請適當人選吧。

成：有很多人想幹這個職位，我都拒絕了，我們的關係不同啊！

（他的意思是，我是他的老友龔德柏代表介紹的，我也可能是龔的親戚）

我：（懇切地）報告董事長，我真的不能接，因為——因為這有違我做事的原則。

成：（搞不懂）有違你做事的原則？本來我還想讓你擔任副校長兼任電影科主任的，你是——決定不幹？

我：（肯定地）是的，謝謝董事長。

中華老莊學會理監事，左起王唯、蔣緯國、黎東方、程中光。

從成舍老處辭別出來，回到辦公室，楊汝舟將軍在等我。他告訴我要成立一個「老莊學會」，請我擔任發起人，要我在發起人名冊上蓋章。

老莊學會三十一位發起人中，嚴靈峰、張啟鈞、張揚明等是老莊權威，另外十餘人如陳品卿等在師大等校開「老莊哲學」課，其他如黃埔一期的鄧文儀、劉詠堯、黃杰以及著名將軍、學者羅光、梅可望、蔣緯國、雷法章、李玉階、王國璠、王王孫等都對「老莊」有濃厚興趣，而且潛研有成，時有專文發表。

老莊學會成立後，我被選為理事，負責向教育部申請成立「老莊學術基金會」，核准後送請台北法院登記為「財團法人老莊學術基金會」。基金會是負責對外募款，交給老莊學會消費，諸如台北松江路會址的購買、會務人員

世界道學會議的貴賓，左起毛老師伯奇將軍、蔣緯國、王唯。

的薪資、主辦及協辦國內外國際會議等。

基金會募款方式是由學會發起人代表黃杰、蔣緯國出面領銜，函邀工商界領袖餐聚，地點大部分在自由之家或聯勤中山俱樂部。我是基金會秘書長，安排在餐敘的進門處，設一貴賓簽到處，簽到簿旁放置一本認捐簿，請貴賓們認捐。每次邀請的來賓大約總在十人左右，大家都希望與蔣緯國合照；但在現場有黃埔一期的黃杰與鄧文儀，兩人都比蔣緯國資深，所以我必須安排每個來賓先與黃杰、鄧文儀合照後才與蔣緯國合照，這是禮貌，雖然那些來賓對蔣緯國比較有興趣。蔣緯國很風趣，有時照完相後，手一伸，說：「收費！」

我記得老莊學會在八年內，在台灣舉辦了兩次規模龐大的「國際學術研討會」，出席歐美、亞洲、大陸、港澳等二十多個國家地區的學

我（右）參加第一次兩岸學術研討會發表論文，旁為召集人輔仁大學黃大受教授。

兩岸文化會議，王唯擔任一組「中國會意文字對電影蒙太奇的影響」提出論文。

者，一次「兩岸文化交流會議」，都是募捐來的錢舉辦的。也常被邀請到國外及大陸參加各種學術會議，並與大陸、美、法、日、韓、泰、星馬等國有關老莊、易理、哲學等相關學會締結為姊妹會，活動頻繁，所費不貲。

自從黃杰、蔣緯國兩氏相繼逝世後，已無工商界人士捐款，老莊學會面臨關門的厄運。

美國在一九七八年十二月與台灣斷交，翌年元旦與中國大陸建立了實際關係。同年四月通過了「台灣關係法」，釐清了美國對台灣今後的承諾，台灣事務將由「北美事務協調委員會」來執行，美國則維持提供對台灣國防上必要之武器的承諾③。

美國宣佈不承認台北的時間，恰巧是與中國共產黨第十一屆第三次中央委員會開會的同一個月，這次大會距離鄧小平二度復職前的時間才一年多一點。此會不僅鞏固了他對該黨之領導，而且還做出了對於「中國統一的偉大目標」的強烈訴求。在一封「告台灣同胞書」中，遂要求建立通郵、通商和通航④。一九八一年九月三十日，由中國共產黨人大常委會主席葉劍英提出「在統一之後，台灣將會是中國的一個特別行政區，將會保持其現有的資本主義經濟、政治和社會體系，也將能夠保留其自己的軍隊和其經濟、文化及其他與

③參見Thomar A.Marks著，張聯棋、李厚壯等譯之「王昇與國民黨」，第二七九頁，二〇〇三年九月，時英出版社。
④同註③，第二八〇頁。

外國的關係。」聲明中除「三通」外，還有「四流」：探親和觀光人員、學生團體、文化團體和體育代表等之間的交流。

「三通四流」是試圖打動台灣政界潛在的血脈相連的情誼，但遭以蔣經國為首的官方嚴正拒絕，命在民間的兩岸交流漸漸成形，尤以台灣商人基於大陸工資的低廉，紛紛前往投資。

蔣經國為了反制「共產黨統一陣線的策略」，要國防部總政戰部主任王昇成立「劉少康辦公室」。該機構屬國民黨秘書長蔣彥士之下的一個特殊組織，其組成分子是從各單位把年輕有活力

1985年九三軍人節，巴拉圭大使王昇（中）偕同王耀華夫婦在武官處大門迎接來賀貴賓。

的才俊，借調或兼職方式成為幕僚。該組織無指揮權，在作成各種建議書後，由蔣彥士會同行政院長孫運璿呈報總統蔣經國。

由於王昇自我鞭策的個性，對蔣經國的絕對效忠，三年來在對國民黨政策制訂效率，有非凡的績效，但遭到很多人的嫉妒。有人抱怨「劉少康辦公室」干預太多其他人的事。有人說中常會是國民黨最高權力機構，「劉少康辦公室」是中常會的中常會。也有人更危言聳聽的說，「王昇」的「王」是「國王」之意，「昇」可解釋為「提升、崛起」，「崛起中的國王」（Riseing king）將取代蔣經國。所有的流言蜚語傳到了重病在身、健康極差的蔣經國耳朵裡。

一九八三年五月十日蔣經國召見了王昇後不久，結束了「劉少康辦公室」，把王昇調到一個閒差——三軍聯合作戰訓練部主任。十一月十八日，王昇被流放到地球盡頭，人口不過三百五十萬的巴拉圭當大使，長久以來一直跟隨他的秘書王耀華也隨同前往履新。

一九八八年一月十三日蔣經國逝世前四個月左右，那時蔣彥士已離開黨職，在一家科技中心任主席，突然接到蔣經國電話約他見面。兩人在一處幽靜的地方，像朋友一樣的坐在一起聊天。蔣經國那時已病入膏肓，藥石罔然，他用虛弱的聲音對蔣彥士說：「我很想念你——我也知道有關『劉少康辦公室』的批評和謠言都是假的——王昇是個好人，我們應該用他。」

一場誤會，改寫了台灣的歷史。

王昇的性格，決定了他一生的命運。

45

恢復了世新的兼任，我如釋重負，心情愉快的每週分兩次前往講授八節課。成舍老的所謂「整頓計畫」也就胎死腹中，連增建兩個廁所都無法完成，學生們何其不幸！

一九八三年四月二日，中國國畫大師張大千因心臟病惡化，溘然病逝於台北榮總。

張大千（一八九九至一九八三）四川內江縣人，他病逝後畫價立刻上漲。當天，法新社台北電：「最著名的現代中國畫家之——張大千逝世消息傳出後，他的畫立即上漲。」

新華社北京電：「著名的中國國畫大師張大千因糖尿病、腦血管硬化和心臟病復發，醫治無效，於四月二日晨在台北病逝，終年八十四歲。」

美聯社台北電：「把現代美術和中國古代美術形式融合一體而成為中國最傑出的畫家之一的張大千先生，今天因患心臟病在台北榮總逝世。」

一九八三年四月十五日，台北聯合報：「在家人哭泣、親友哀悼的感傷氣氛下，國畫家張大千的遺體隨火焚化。」

人的生命有限，但藝術生命卻無限。

我在一九八三年初接受毛老師的建議及支援，再度申請加州大學管理研究院博士班修習「管理及戲劇」課程，順利獲得通過。在啟程前一個多月內，替新聞局拍攝了十幾部紀錄片。我將一般紀錄片中罕見的「蒙太奇」放進去，用先進的Betacom攝影機拍攝，並將三部各三十分鐘較滿意的作品縮成光碟片帶到美國，看看加大的指導老師是否可以抵幾個學分。

在美國兩年期間，除了上課，每晚幾乎多在圖書館找資料寫論文，直到夜深了，帶著一身疲憊回到宿舍，在寂寞孤獨的空氣裡，想念在台灣的小英和三個愛女，是唯一的溫馨。

一九八五年初，我殫精竭慮地修完了全部課程，身心疲憊不堪。為了釋放那幾條壓抑緊綁的神經，我安排了一週的旅遊。

我先到舊金山，探望老康總的同事，大家都叫他「老稀泥」的好好先生張萍。中國電影默片時代就從影的他，以少校戲劇官退役。他的太太吳瑛則是鳳山國小的老師退休，兩人都是一次領取退休金，培養他們的獨子從高雄醫學院畢業，到美國留學。最後兩夫婦把鳳山的房子賣掉，移民到美國，在舊金山以兒子的名義買下了現在住的兩層花園樓房。那時張萍已中風不良於行。

我在張萍家逗留兩天，與張萍敘舊，也發現他從小疼愛的兒子對他非常忤逆不孝，常常說他走路太慢是假裝的，甚至有一次，我目睹那個當醫生的逆子把蹀蹀慢行的父親，從背後一推，差一點踉蹌跌倒。我實在看不下去，勃然大怒的把他訓斥了一頓。

從張萍家辭別出來，我不勝感慨！我慶幸沒有兒子。

在路上招了一部計程車，直駛漁人碼頭，享用了一頓海鮮大餐後，順道到劉宜良開設的藝品店，恰好他有事外出。他太太告訴我，劉宜良正忙於撰寫《吳國禎傳》，到處找資料，訪問相關的人物，所以忙得很少來店裡。

回學校之前，我又到「蒙特利花園市」的《國際日報》探望前世新的同事羅有桂，因此認識了報社負責人陳濤，原來高雄有家「國際商業職校」就是他創辦的。他有意請我擔任報社主筆，為我申請綠卡，我以台北事忙婉拒了。

我回到台灣時，蔣經國已獲連任第七任總統，還提名了謙恭有禮、椅子只坐三分之一，在他眼裡「印象良好」的李登輝為副總統，繼續推行他的「本土化」，助長了黨外勢力隱然成形，在黨禁和戒嚴令解除之前，黨外人士搶先在一九八六年九月宣布成立「民主進步黨」。蔣經國對此違反戒嚴令的政黨採取既不承認也不取締的態度。事實上，此時戒嚴令已經開始解凍⑤。

⑤參見高明士主編《台灣史》，第二七四頁，五南出版公司，二〇〇九年一月初版七刷。

台灣電影在一九八〇年代有一股新的浪潮掀起，媒體名之謂：「新電影」，楊德昌、侯孝賢、萬仁、張毅、柯一正等新導演脫穎而出。第二波的「新新電影」，推出了導演李安、蔡明亮、陳玉勳、陳國富、張艾嘉、林正盛等人，作品在海外各種影展中連連得獎。大力推動、介紹給國際的是台灣名影評人焦雄屏，她的影評冀求改造電影界結構，宣揚新理念、新電影，是台灣新電影在國際揚眉的關鍵人物。而這些優秀導演中，不乏世新與藝專電影的校友，我與有榮焉。

一位世新電影科主任來電話給我，他是國民黨中央專職人員，在世新是以兼任兼課方式負責電影科的。他問我有沒有時間兼幾堂課。我告訴他可以開「編劇學」，他就安排了日間部與夜間部的三年級各兩節。

饒曉明已離開中視，接掌了「台灣電影製片廠」，打電話問我要不要包拍一些他們拍不完的短片，但必須成立一家傳播公司，才能給我「委製」。

我在好友老龔位在仁愛路老爺大廈的公司裡，「靠行」成立了「獨家傳播公司」，攝影、燈光包給藝專畢業的張存欽，編導一職，自己幹了，省了一筆開銷。不過，有一部短片是例外，因為要趕，我實在抽不出時間，臨時請導演宋存壽來幫忙。該片在台製廠節目部驗收時，未獲通過，我又親自修改。

老莊學會的楊汝舟將軍仍有連繫，他告訴我，我仍是老莊學會的常務理事，也是基金會的常務董事。有一屆我被選為副理事長，理事長是研究甲骨文的胡至直將軍。因為基金會已無基金，所以學會只是定期開開會，辦些座談會，沒有較大的活動。

李克仁股長在新店買了一戶有院子的公寓，我與小英帶了三個女兒趁星期假日去他家作了一天客，順便還給他前借款八萬元。

李克仁家的客廳顯得很雅緻，賞心悅目，可能是那位藝專學美術的李家獨子的精心設計。李家院子簡直像一座小花園，花紅柳綠，還有一池水塘，飄浮著幾片荷葉，景觀很棒，我決定把它放進台製廠的一部「退休以後」的宣導劇情短片裡。取得李克仁夫婦的同意後，第二天我帶了攝影組人馬，在李家拍攝了一天，李太太還客串飾演一名「家庭主婦」，在廚房裡炒菜、客廳裡打掃清潔、花園

席科主辦「花仙子選美」，我擔任評審團主席，左起王唯、師大美術系教授、席科。

裡澆花的畫面，一一攝入鏡頭。中午休息時間，李太太炒了幾道可口的上海小菜招待我們吃飯。我們工作結束，臨走時，我要劇務包了一個紅包送給李太太。

林二的好友范光陵博士在台北很活躍，有一次，台北女獅子會舉辦選美活動於來來飯店，范光陵和林二好像是主辦人，我被聘為評審，還為前五名的「美女」頒發獎牌。

畢業世新電影編導的席科，曾以劇本《逆子》獲新聞局的「最佳電影劇本獎」，也擔任過幾部電影的副導演，有一次他主辦了「花仙子選美」，請我當評審。選完後，他與一位「花仙子」結婚了。婚後移民美國休士頓，在一家電子媒體上班。每年的聖誕節都會寄聖誕卡給我，信封上沒有發信地址，我沒法與他連繫。這個年輕人哪！不，他現在已經不年輕啦！

46

一九八七年七月十五日零時起，台灣解除了長達三十八年的戒嚴令，十一月，開放赴大陸探親，隔年元月開放報禁，而一直被病魔纏身的蔣經國，在其晚年用最後餘力完成這些改革開放後，於一九八八年一月十三日病逝⑥。

⑥同註①，一九四頁。

據一位隨侍蔣經國的人士表示，在病中呻吟的蔣氏，常常會喃喃囈語，好像呼喚著「章亞若」的名字。

時空拉回到四十六年前。江西贛南，一位「專員公署」的工作幹部——章亞若（一九一三至一九四二）走進了蔣經國的生命中。

年方三十的蔣專員邂逅了章亞若後，兩情相悅的不能自拔，而面對俄籍妻子蔣方良以及兩名子女孝文與孝章，婚外情的蔣經國是深深感到有罪惡感的。章亞若身孕後，生下雙胞胎孝嚴、孝慈。蔣經國表示：對章亞若一定有交代。

某夜，章亞若應廣西省政府民政廳長邱昌渭晚宴，午夜返家後腹痛不適，翌晨住進了省立醫院治療，病情稍癒後，一位身穿白衣的醫生為她打了一針，突然感到眼前一片黑，大叫

江西贛南的「蔣經國專員」，時年三十。

章亞若（1913-1942）

一聲「不好了！」猝死於病床。院方的病危通知單上填寫的是：「血中毒」。

蔣經國的一生，從中國、蘇聯到台灣，一直面對挑戰。他人生的顛峰，是最後十六年在台灣擔任行政院長及總統，同樣也是碰到許多問題，如石油危機、中美斷交、黨外崛起。在他生命的終點，用了相當難得的毅力以解除戒嚴、開放黨禁、開放探親、打開了台灣的新時代，對於台灣的影響，深遠流長⑦。

我決定去上海探望睽離四十年的桓哥。

我請旅行社申請台胞證，護照加簽後代購上海來回機票。寫了一封由香港王龍代轉給桓哥的信，告訴他我決定十二月一日上午飛香港，再轉搭東航，下午三時可以抵上海虹口機場。

小英為我準備了十只金戒子贈送上海親友，還交給我十六萬元新台幣作為旅途之用，我把它在銀行兌換成美金。

上海，對我來說是一塊不忍記憶的土地。日寇的橫暴、法國巡捕的跋扈、「華人與狗不能入內」的公園標示、弄堂口垃圾堆裡凍死的嬰孩、百樂門舞廳裡歌女唱的「夜上海，夜上海，你——是個不夜城——」、夜空下閃爍的霓虹燈、玻璃舞池裡腦滿腸肥的中年人

---

⑦同註①，一九四頁。

擁抱辛酸的舞女、父親一夜之間淪為赤貧在病榻上的呻吟、餓極了的遊民從買菜主婦手裡搶奪一副燒餅油條往嘴裡送、上海的朱門酒肉臭路有凍死骨的映象，在我眼簾不斷重複顯現。

我有什麼理由對那塊土地留有一絲追懷？

可是在上海，曾有我敬愛的父母生活過，現在我僅有的親人仍在那裡。

東航的飛機滑行在虹口機場的跑道上，上海到了。

沒有近鄉情怯的感受，倒是「近親」有點情怯。馬上要跟睽別四十年的桓哥見面了，不知道還認不認得？該說些什麼話？提著一隻皮箱走出了入境閘門，前面是一排落地玻璃牆，外面人頭鑽動，是在尋找他們的目標。我從左到右走了一遍，沒有發現桓哥。再從右到左慢慢從每一個接機的人面前一個一個的仔細端詳。心想，歷經多次鬥爭以及十年文化大革命之後，加上歲月的摧殘，桓哥恐怕已無法辨認了。咦，一個有點像桓哥的身材、臉龐出現在我眼前，他也正在凝視著我，是那麼熟悉，又感到那麼陌生。應該就是他！

我走出玻璃門，他走近我。

「孝齡弟，你怎麼留了鬍子？」桓哥緊握我的手。

「阿哥，這一場戰爭，讓我們兩岸隔離四十年！」我感慨地說。

我們沒有擁抱，沒有淚水。他介紹了他的女兒嘉英和女婿徐建立。

「上車吧，回家好好聊聊。」桓哥抓住我的手，坐進一輛他單位派來的車子，嘉英與徐建立坐另一部車，緊隨我們到了閔行桓哥的宿舍。

在車上，我問桓哥幾個我最想知道的問題：母親的墓地在何處？父親的墓以及祖墳情況如何？桓哥在各種政治運動中是否受到波及？桓哥告訴我，母親的骨灰仍安放在家中，因為在文革期間，「造反有理」的紅衛兵把蘇州祖墳包括父親的全部剷平無存，至於他在文革時難免也受到迫害。

桓哥住的宿舍區，環境整潔幽靜，約有七八幢五層公寓房子，每幢周圍都有草坪，還有藝術雕像。桓哥住二樓，有兩間大臥房，一間小客廳，廚廁也顯得狹小，是上級按階級分配給單身領導的宿舍。

嘉英在廚房做了幾道可口的上海小菜，晚飯後與她夫婿急著先回家，他們的兩歲女兒徐琛已經多次要她外婆打電話過來，因為「徐琛想媽媽」。

我與桓哥共睡一張雙人床，兩人互訴四十年來雲譎波脆的遭遇與軼事。我們也商議將在蘇州鳳凰山買塊父母的墓地，擇日安葬。桓哥告訴我，嘉英的母親十幾年前因病去世，他身兼母職的把嘉英撫養長大，自從與徐建立結婚後不久，經朋友介紹認識了一位美籍寡婦，兩人交往了三年後在上海結婚，那位我未曾謀面的大嫂現住美國紐約。桓哥說，我回台灣後，他將辦離休，赴美定居。

兩人聊著聊著，不覺窗外天色已露魚肚白。再睡吧，已不想睡了，乾脆起床，漱洗後在社區附近吃燒餅油條外加一碗濃濃的清漿，比起台北永和的不見遜色。桓哥說，今天早晨八點，單位派有一部車子讓我們使用，今天預定去蘇州看墳地。

嘉英陪同我們坐上車，她已經查詢到蘇州鳳凰山墳地的主管單位，就在鳳凰山下的管理站。

駕駛老徐態度謙恭，對桓哥與我以「領導」稱呼。為了表達對他的開車辛勞，而且恐怕還有好幾天要麻煩他，我致送了一百美元與一只金戒子給他，以示感謝之意。

車子在公路上開了將近兩個小時，蘇州應該快到了吧。

「老徐，蘇州到了沒有？」我問。

「馬上到，就在前面。」老徐指了指前面。

車子以八十多公里的時速又開了半個小時，還沒到。我有點納悶，記得小時候坐火車回蘇州老家，沒幾站就到了，於是我又問老徐：

「應該快到了吧？」

「馬上到了，就在前面。」又指了指前面。

車子又開了約四十幾分鐘，蘇州終於到了。

好傢伙，老徐的「馬上到」實在久了些，是不是他的口頭禪？

老徐把車子開到鳳凰山下的墳場管理站，我們下了車，進到辦公室，裡面的職員拿給我們一些資料看。桓哥選了一塊地勢較高的墓地，在管理員引導下，我們爬坡上山勘察那塊父母的休憩地。

那塊地的地勢雄偉，遍植松柏，我們看了很滿意。下山後馬上在管理站辦了手續，付清費用，預定一週後墓碑也刻好可以正式安葬。

趁等候一週的空檔裡，我辦了幾件回顧之行。仍然是老徐開車，在桓哥陪同下，我們到了霞飛路舊居。那幢三層樓紅磚花園洋房，我曾在那裡度過幸福的童少年歲月。

弄堂裡只有四戶人家，兩排雙併。我記得隔壁住的是一位西醫陳伯伯，對面是足球王李惠堂，他們的兒子都是我小學同學，下課後經常在弄堂裡踢小型足球，李惠堂伯伯有時還會過來教我們如何盤球、頂球的技巧。如今是景物依舊，人事已非！

後門是開著的，當我們走近時，正好有一位婦女從廚房裡出來，見到我們在張望，她用上海話問：

「儂尋啥人？」

「我勿是尋人。」桓哥很有禮貌的說：「對勿起，阿拉是在六十年前住過這裡，現在想來看看。」

那位婦女知道我們的來意後說：

「自從解放後，這幢房子單位分配給我們六家住在這裡，交關擁擠，嘸抹啥好看。」

我朝裡面看去，廚房、洗手間、儲藏室依然如舊。上了台階就是客廳，以粗糙簡陋方式間隔的木板，已經破爛不堪，兩旁的牆上因年久沒有粉刷，已經剝落發黃，我可以聞到噁心的霉味。奇怪的是，淺咖啡色的英國地磚，仍然光潔如新。

觸景生情，我恍惚聽到母親慈祥的叮嚀、父親嚴厲的咆哮與病榻上的呻吟、老張的示警、桓哥夜歸後的工作指示，六十年前少年時代的交叉畫面歷歷在目。

離開了那幢紅磚洋房的視線後，我丟下了無奈的感嘆。

小沙渡路的鳳寶姊家一定要去的，順便就近到新閘路的大同大學舊地重遊。在車上，桓哥告訴我，鳳寶姊那位學醫的兒子斯聚，中共建國後就「參軍」了，現在是瀋陽軍區的將級軍醫。女兒斯運學化工，在上海一所大學裡教書。夫婿金世勛是學校的副校長，膝下有一子，在念小學，全家與鳳寶姊住在一起。

那天是星期假日，我們趕到時已近中午，鳳寶姊與女兒女婿們正準備用餐，見到我們來了，馬上要女兒到外面餐廳炒幾道菜帶回來。鳳寶姊要我們坐下來一起用餐，我當場致送了每人一百美元與一枚戒子。

我們邊吃邊聊，我簡單的向鳳寶姊報告了我目前從事傳播事業，也娶了一位賢慧的妻子，為我生下三位可愛的女兒。

午餐後，斯運煮了咖啡，我們又聊了大約兩小時。斯運告訴我，金世勛即將調升石家莊的河北師範大學校長，她也隨調該校化工系任教。

從鳳寶姊家辭別出來，上了車，我請老徐在前面新聞路左轉後暫停一下，我要下去看看高中時代念過的大同附中，現在變成什麼樣子了？

桓哥陪我走進了一條弄堂，右轉後，一幢白色大樓依然矗立。五十年前，父親銀行倒閉，我由一所貴族學校轉學到這所大同大學附屬中學的苦讀情景，又重映眼簾，不禁唏噓。

在父母安葬前等待期的幾天中，桓哥還陪我到母親服務過的公濟醫院，房舍依舊，現在是「第一人民醫院」。從前擔任過副院長的表哥早已去世，子女在幾次政治運動中已經失散。也到虹口橫濱橋就讀過的劇校，原址已蓋滿了高樓，無跡可尋。

蘇州鳳凰山上父母的墳地

安葬日已到，桓哥電話連絡了鳳凰山管理站，確認我們預訂的墓地已做好，墓碑也刻好，於是桓哥請了車，仍是由老徐駕駛，我抱著母親的骨灰罈，桓哥拿著父親的生前衣服，直奔蘇州。在鳳凰山管理站幹部引領下，帶了兩名工人上山。在墓地洞穴裡，將母親的骨灰罈與父親的衣服安放好，工人將洞穴封閉後，我們將鮮花及祭品供放墓前，按照中國習俗，點香、燒紙錢、向父母跪拜，我由衷的默禱：「生我、養我、育我的父母大人在上，這個不肖子孝齡，沒有對兩老略盡孝道，實在是因為國共之爭，導致了兩岸的隔離——我——我——」不覺酸鼻，悲戚欲泣。

我們下山時已是中午，老徐開車帶我們到蘇州一家素菜館用餐，也順道到玄妙觀參拜，走經一個房間，一位道士走出來，趨近我——

道士：（端視，誇張地）壽星！氣度超俗、不凡！

我微笑，向他招一下手。

在上海與桓哥團聚敘舊僅有十天，因為台北還有很多事情等我回去處理。

在上海虹口機場與桓哥道別，互祝珍重，離情依依。

47

上海探親歸來，小英告訴我，她接到一通台中的台影公司電話，問一部「青少年犯罪問題」的影片，什麼時候可以交片？在書房裡整理資料時，在桌上有兩張話劇《新秋海棠》的戲票，是編劇黃風寄來的，公演時間是下月初。

第二天到老爺大廈上班，老龔告訴我，黃風來電請我抽空到《新秋海棠》排練場指導，排戲時間是每晚六至十時。

事情有先後緩急，當務之急是台影公司的那部青少年犯罪問題的「禁果」影片先要解決掉。

因為已蒐集了不少有關資料，劇本寫得很順，兩天就完稿。約了攝影組的張存欽來公司研究拍攝問題。

先拍攝的外景戲有台大校門內外、新公園內外。內景是借一位朋友的家完成的，拍的是客廳、臥室、走道。另外租了一家地下舞廳拍一群青少年喝酒滋事。片長三十分鐘的戲，一個星期就殺青，送「大都公司」沖印，在士林中影片廠剪接、做特效、配對白、配音樂、疊字幕，完成ＡＢ拷貝後送台影的台北辦事處交片，請款。

我抽空到黃風的《新秋海棠》排練場，遇見了很多老朋友。常覺、李影是這個戲的導演，林兵是舞台監督，雷鳴、魏平澳、高明、王菲等是演員，還有一位是我早期在陸戰隊話劇隊幫忙客串演《小鳳仙》時，隊長謝維鈞將一名陸戰隊士官田致斌調來隊上管小道具。一九七四年華視推出由田文光製作連播三百五十集的《包青天》，田致斌以「儀銘」

藝名飾演「包公」而漸露頭角。此番，在《新》劇裡，他飾演大軍閥「袁大帥」，草莽性格刻劃入微。

《新》劇在國軍文藝中心公演十天，黃風賠了二十萬。我在民生報上寫了一篇劇評兼論台灣的戲劇運動，由蓬勃到式微，實導源於社教主管對話劇藝術強烈的社教功能茫然無知。也由於外行領導內行錯誤的任官所致。對一批像黃風這樣的「傻子」，為了拓展劇運而貢獻心智又虧損累累，我遙致虔誠的敬意。

黃風的戲結束沒幾天，正準備要去台中台影公司，卻又來了個戲劇狂熱分子余炳炎，他手持他的大作《金龜婿》，說要演這個戲，已邀請香港的程剛與台灣的李影執導。而我呢，只有當舞台監督囉。

「噢，不！你可以演一個角色。」老余說：「李影除了導演，還兼演員，拿雙份酬勞，你也可以。」

「你要我演戲？」我問。

「是啊，你從前不是演過很多話劇、電影？」老余瞪著我。

「那是從前，現在我已經好幾十年沒演過戲，沒把握了。」我說。

老余的《金龜婿》標榜是喜劇，其實是一齣笑劇（Farce）。參加演出的演員有李影、孫景瑎、劉礎、田夢、陳志珍等人，借台北「文苑」排練了十個晚上，在國立藝術館公演十場，賣座平平，老余稍有賠虧。我在台灣新生報上寫了一篇劇評，並兼論喜劇與笑劇的區別與價值。

到台中是由從前叫翟允登，後來進了香港邵氏改名叫翟諾開車的，隨行的有武俠小說作者臥龍生（原名牛鶴亭，一九二八至一九九五），他是饒曉明的舊識。

中午，饒曉明請我們三個人在一家上海餐廳午餐。下午，我與台影製作部簽下四部短片的合約後返回台北老爺大廈。

在辦公室，翟諾談起他有一個「闖江湖」的故事，有一位太太想投資拍這部電影。

「你不妨考慮一下，是否有時間先寫個劇本？」翟諾說。

「先寫劇本？不是這樣的。」我提出異議：「你先把你的故事寫個大綱給我，我再把它分場。戲裡的場景、角色決定後，才能估計製片預算。到那時候，你把那位太太約來公司，告訴她要投資多少。我們要簽一份合約，她要先拿點籌備費出來，我才能寫劇本。」

「我不會寫大綱，我可以口述，你來寫。」翟諾說。

「好吧，明天早晨你來公司。你口述，我記錄。」

「你不是跟台影簽了四部戲？」翟諾疑惑的眼睛看我：「你怎麼有時間？」

我微笑，拍拍翟諾的肩：「四部短片不急，沒有時間限制。」

第二天，翟諾在公司口述了他構想的故事。是一部那時流行的民初動作片：民初，軍閥割據，戰禍頻仍，盜匪蜂起。以兇橫揚名於江湖的「黑狼」、「黑豹」父子，主線描述了二人打家劫舍，仍不失劫富濟貧的俠盜行徑。副線則為「黑豹」的愛情生活。我以邏輯、戲劇性的剪裁予以分場，並賦予「黑豹」幽默、同情、粗中有細的性格，以翟諾粗豪的外型，很適合演這個角色。

我把我的看法告訴了他，他欣然同意，並推薦一位復興劇校畢業的女演員飾演他的情婦。我在擬定演員表時，把康總演技派的老同事馬驥、曹健、傅碧輝等列入主要演員內。最後，我編列了四百萬的預算，取了個片名：《黑豹》，翟諾變成男主角。

那位想投資電影的太太姓陳，在翟諾介紹下在公司裡與我簽了合約。合約內容是《黑豹》影片預定下月初開鏡，三十個工作天完成攝製，底片三萬呎由翟諾負責向香港公司墊底，並交由該公司沖印、剪接、配音，完成ＡＢ拷貝後付清所有款項。《黑》片由翟諾製片，王唯編導，蕭世勛攝影，陳姓太太為出品人，於簽約後三日內須支付新台幣壹佰萬元籌備費。

簽約後的第三天，陳太太來電話，約我在公司附近的一家咖啡店見面。她表示，翟諾已擔任演員，製片一職要我另覓他人。我告訴她，合約已簽定由翟諾製片，不便換人。她堅決表示不能由翟諾製片，否則她不投資。

事情弄得很尷尬。由於她的堅持，資金始終沒有撥出，而我也正在忙於拍攝台影的短片，把這檔事漸漸淡忘了。

王紹老來公司告訴我，張英要排演申江編劇的《香港浮城錄》，他是「演出委員會」的主委，欲聘我為委員。

《香》劇由張英導演、朱耕舞台監督，主要演員有雷鳴、常楓、王昌熾、吳燕、周仲廉、傅雷、葛小寶、韓甦等人。在台北社教館公演十場。

演劇三隊的覃隊長與劉伯祺等組成的「冬青劇團」，也在一九八八年六月七日起公演張永祥等五人編劇的《台北的天空》，我也忝為「製作群」之一。《台》劇由丁衣導演，朱磊舞台監督，演員有葛香亭、傅碧輝、金超群、譚艾珍、郎雄、唐如韞等老康總班底，在台北社教館公演六場。

台北的劇運好像稍有起色。

一九八八年一月十二日，台灣中科院核能研究所上校副所長張憲義偕同家人叛逃美國，三天後，美國會同國際原子能總署到核研所突擊檢查，要求拆除與發展核武有關的所有設施。

被美國中央情報局吸收的張憲義叛逃後，由美國政府安頓下在華盛頓特區居住。一九九八年，他曾傳真給台灣聯合報，宣稱：我們已完成蔣公與蔣總統所交付的任務。我們有能力，但絕不製造核子武器。

一九八九年六月四日深夜，洪門大哥印雄將軍在我睡夢中用一陣電話鈴把我叫醒。一種急促的聲音：「快點起來，清醒一下，北京天安門事件，你看到新聞了吧？馬上寫一條歌詞，請人作曲，今天中午以前我要！」

印大哥之命難違，我寫了首描述一位母親送飲食給靜坐在天安門廣場的兒子，那個兒子說：「媽媽，我吃不下。」

好啦，就用「媽媽，我吃不下」作為歌名吧。一台計程車從永和趕到忠孝東路林二的家，把他叫了起來。

木訥的林二，工作起來可不含糊。他在鋼琴前聚精會神地再三研究我的歌詞，於是彈琴、試唱、疾書，不到三個鐘頭，一首悅耳動聽的歌已經完成。

我興奮地帶著歌譜，坐上計程車直駛和平西路印大哥家時，還不到早晨八點。

這次是我把他叫起來。

「怎麼？已經好了？」印大哥睡眼惺忪地凝視我。

「好了。」我說：「這首歌，印大哥怎麼處理？」

印大哥披衣起床，接下我遞給他的歌譜：「我坐今天中午華航的飛機到香港，找人錄製這首歌，夾在鄧麗君的歌裡，過成錄音帶，銷大陸。」

五線譜他看不懂，歌詞看了後說：

「歌詞寫得不錯，曲作得怎樣？你哼哼看。」

我看著五線譜哼了一遍，印大哥表示滿意。

根據路透社北京分社主任與他的同仁，當晚在天安門現場親眼目睹的情況；半夜由長安街西邊進來的解放軍都是徒手而來，武器都在軍車上，緊隨在後徐徐駛入，可是半途放在車上的槍枝被學生搶劫，然後向士兵掃射，估計打死一百多名士兵，悠然間，士兵再奪回槍枝對學生開槍，大約打死了二、三百學生。士兵還手開槍，在法律上是「自衛」還是「屠殺」？

我一直有個疑問，「天安門事件」如果發生在美國，或者在台灣，當局會不會採取強力鎮壓？我又想到，現在台灣的「民主」如果引進到大陸，新疆、蒙古不是更有理由可以獨立？因為他們有獨特的語言、文字。

資深導演張英想籌設「中國舞台劇協會」，邀我擔任發起人。該會於一九九〇年四月一日經內政部核准成立，我被選為理事兼教育委員會副主委，主委為前中製廠長劉伯祺。在首屆理事會中，張英當選為理事長。

在張英奔走下，教育部與文建會同意提供經費，並授權協會舉辦「導演藝術講習班」，招收大專院校師生、話劇社團人士、有志研習話劇導演者，學費全免。

該會曾於一九九四年九月，應上海舉辦的「國際莎士比亞戲劇節」之邀，由張英率領重要成員前往。台北李國修主持的「屏風工作坊」與上海「現代人劇社」聯合演出李國修編劇的《莎姆雷特》，獲得好評。

一九九〇年，李登輝與連戰經國大代表票選為第八任總統、副總統。選前的拜票動作，我曾在永和劉韻石代表家看到過。李登輝的謙恭，劉代表的指指點點，我感觸良深。

由於憲法規定，總統的選舉，由國大代表間接選出，但國府遷來台灣後，為因應大陸領土廣大而設計的「間接選舉」原因消失，所以在一九九一年順應民意要求在國民大會中通過「憲法增修條文」第二條第一項，確定總統「直接民選」，並且通過將從一九九六年第九任總統選舉時實施。

康總退役下來的王維新，由他當法院院長的叔叔安排下進入桃園法院當執達員，與地方人士稔熟。有一天，他介紹一位小商人給我，說要拍電影。我當真了，寫了一個《風鈴響的時候》故事大綱，還寫了首歌，請李鵬遠作曲。《風》片由王維新與他的朋友擔任出品人，翟諾製片，胡鎔攝影，王唯編導，蔣光超、林鳳嬌、秦漢、歸亞蕾、魏甦、盧碧雲等主演。

演職員大致已敲定，就等那個小商人出來簽約、付款。結果杳如黃鶴，黃牛啦！

王宇清教授倒是認識很多可靠的大商人，他先後介紹了中興紡織公司創辦人鮑朝雲與遠東集團創辦人徐有庠給我。一九九三年，黃風投資排演了他編劇的《如夢如幻》，我與李影聯合導演，演員有王孫、金永祥、陳淑芳、余繼孔等，在國立藝術館公演六場，黃風賠了三十萬。我把這件事告訴了王宇公，他馬上請「鮑朝雲文教基金會」撥了三十萬給黃風。

徐有庠可能生長在上海，他要回饋上海，想在那裡辦一所大學，要我策畫、寫企劃書。我寫好後正好要去上海參加一個國際學術會議，與小學同學王志德、丁德生重逢，也結識了一些文教界的朋友，由於他們的介紹，認識了浦東一家國營企業公司總經理。那家公司在浦東精華地區有幾千畝土地。當總經理看到我設校計畫，馬上答應提供一千畝土地作為建校用地。

我設計的大學有三個學院：新聞學院設編採、廣電及報業行政系所。藝術學院設電影、戲劇、建築、美術、舞蹈等系所。法商學院設法律、工商管理、會統等系所。針對每一系所有一個學生實習機構，如廣電系有廣播電台、有線電視台，電影系有電影製作中心及攝影棚，戲劇系有劇團，舞蹈系有舞團，這些學生實習機構也對外開放，酌收費用。另外，有一座「中國文化城」，城內道路是石板鋪設的，兩旁房舍是兩層古代建築，有客棧、酒樓、中藥舖、中醫診所、打鐵舖、棉花店、南貨店、衙門、大宅院、馬場等，可吸引中外旅客購票入城，體會前人的文化，也可供影視單位拍攝電影、電視劇。學校影視戲劇系學生也可參加實習。我的計畫中，還有一項特色，就是與美國加州大學、夏威夷大學締結姊妹校，師生互相交換、訪問，互相承認所修學分。

那家國營公司的總經理與我簽了意向書帶回台灣。徐有庠很高興，派了六位親信到上海浦東勘察大學預定地，我因事沒有去，臨時要在上海的嘉英帶他們去浦東看地。

那批到上海看地的人回到台北，向徐有庠作了簡報。

「上海建校投資案」必須在董事會通過，徐有庠的兒子在會上表示：建校計畫縝密，但缺少一項「投資報酬率」。我強調：學校為非營利的財團法人，哪有投資報酬率？他兒子則強調他是生意人，講求的是投資報酬。

沒辦法談下去了，我精心設計的建校企劃就此腰斬。

回到家，小英知道了上海建校遇到瓶頸，淡淡地說：

「你就不會去找一位財經專家的朋友，來評估建校的投資報酬率。哼，你就是這個倔強的牛脾氣！」

牛脾氣仍不信邪地對拍電影、辦大學的興趣稍有減退。

有一天，畫家張杰與建築師王大閎兩人到我家，帶來了一本大陸出版的《張大千傳》，要我好好仔細看看後，寫一個故事大綱，編列一個預算，他們要叫黃任中投資拍部電影。

張杰要飾演張大千這一個角色，是男主角。

黃任中這個人，電視新聞經常有負面的畫面，大多與女人有關，更糟糕的是長相難看，相由心轉，絕非善類！

我將我對黃任中的印象告訴了兩位老大哥。他們卻異口同聲的替黃任中緩頰，說這個人哪，外表吃虧，其實有他「可愛」之處，你跟他交往後就知道。

本來對這檔事沒有什麼興趣，由於兩位老大哥的堅邀，我很勉強的開始閱讀「張大千傳」，可是，越看越有興趣，原來張大千不但對敦煌石窟的研究有貢獻，他曾當過一百多天土匪，一百多天的和尚，讓人不可思議。我決定看第二遍，摘要筆記下來。用三天看完了書，筆記本已寫滿了四大本。我以簡要的文字寫了一個故事大綱，獲字八千，肯定是最長的電影故事。

我寫的企劃案很詳盡，連影片拍攝過程的宣傳也設計了，排片後放映期間還舉辦「張大千畫展」、「張大千思想研討會」，以掀起高潮。

我根據劇情、場景以及演職員酬勞、劇務費編列了九千五百萬元的製片費。

在王大閎與張杰陪同下，我們到台北市敦化南路二段的一幢大樓內。一位女管家帶我們進到一間大客廳，在一張大圓桌前坐下不到一分鐘，黃任中從裡面走出來。張杰為我介紹了他，他就順勢坐在張杰與我之間的椅子。張杰將一幅畫遞給他：「我畫了一幅鍾馗，送給你。」

黃任中接畫後問：

「你要拍張大千傳，企劃書帶來了？」

「帶來了。」張杰馬上從皮包裡取出我寫的企劃書遞給了他。

黃任中翻了幾頁，回頭問我：

「是王老師寫的？」

「是的。」我說。

「製片費需要多少錢？」半閉的眼睛睜開了。

「詳細預算列在企劃書裡，」我指了指他手裡的企劃書：「這部戲算是一部大戲，初步估算是九千五百萬。」

「錢──沒問題」黃任中想了想說：「你們能不能保證把我投資的本錢收回來？少賠一點都可以，譬如說：賠個一、兩千萬。」

我愣了，張杰與王大閎也啞口無言。

「是這樣的──我可以有把握拍得水準以上。」我堅定的語氣：「甚至要進軍奧斯卡，至於──能不能賺錢，那是影片發行的問題。發行我不懂，因此，我不能保證回收資金。」

哪有這樣談生意的？投資老闆怎麼會把錢拿出來？你是白癡？

我當然不是，我是據實相告。這年頭說實話的人，能有幾人可以成事？

唐灝將軍來電話，說台中有位出家人想辦一所大學，問我能不能寫一份企劃書。我說有現成寫好的。他就約我一起到台中跟那個出家人見面。

那個出家人是唐將軍從前認識的老朋友，法名惟覺法師，據說有一座很大的廟蓋在埔里。

出家人蓋廟，我總覺得有點那個。出了家，家都不要了，蓋廟幹嗎？我想到那位了不起的一代名僧弘一法師⑧他就是不蓋廟的苦行僧。再看看台灣有不少廟還從事營利、參加政治活動，像話嗎？

那天，唐灝與我坐火車到埔里，一位年輕的尼姑開了一部高檔轎車接我們上車，直駛中台禪寺。

車停下來，尼姑說到了。我們下車，舉頭望，一座華麗的豪廈巍然矗立，那是中台

⑧弘一法師，俗姓李，名息霜，號叔同，（一八八〇至一九四二）生於天津。出身富家，錦衣紈褲、風流倜儻，擅長音樂、書法、繪畫、詩詞、精通四國文字，一九〇七年留學日本東京美術學校，與曾孝谷等組「春柳社」，演出中國第一個話劇小仲馬的《茶花女》。

一九一五年，任教南京高等師範，講授音樂美術。翌年，入西湖虎跑定慧寺，試驗斷食十七天後開始素食、看經、禮佛，改名李嬰。一九一七年，以居士身居定慧寺，即皈依了悟和尚，取名演音，號弘一。一九一八年夏，以全部油畫、衣物、書籍等分贈北平國立音專，夏丏尊、豐子愷、劉質平。

七月十三日披剃於虎跑定慧寺。從此他遊走掛單於南方各省的寺廟，閉關、研讀經典、請經、著作。一九四二年十月十三日午後八時，作涅槃臥，安祥圓寂於泉州不二祠溫陵養老院晚晴室。

禪寺？

惟覺和尚以半開的眼睛，坐在那裡接見我們。我覺得怪怪的，這好像不合世俗禮儀。

唐灝向惟覺表示，我帶來了建校企劃。

我意識到，我走錯了地方。

「抱歉，我沒有帶來。」我淡然的說。

從埔里回到台北，接到毛老師的劉秘書電話，說明天是毛將軍九十歲生日，他在「金玉滿堂」餐廳設宴招待好友舊屬。

我與小英參加了毛老師的壽宴，席開二十餘桌。我還遇見了毛老師的老友袁叢美、王紹清以及老國代劉韻石、于歸等人。毛老師老而彌堅，神采煥發地與舊屬好友舉杯敘舊。我向他敬酒時，他頻頻問我的近況。

48

一九九三年四月，兩岸在新加坡舉行第一次「辜汪會談」，確立兩岸交流原則，氣氛融洽。

行政院勞委會委託職業訓練中心編譯一套共九冊的「電視製作教材」，我與師大的徐鉅昌教授負責審查，歷時三個月。

一本舊作《電影蒙太奇論》重新補述更新，交由小報出版社出版。

一九九四年，我應馬來西亞藝術學院戲劇系之邀客座一年。同年我被列入北京出版的「中國當代藝術界名人錄」，並頒發一張榮譽證書給我。

一九九六年三月，台灣首次公民直選第九任總統、副總統。共有四組人馬參加競選，計有無黨籍的陳履安配王清峰，國民黨的李登輝配連戰，民進黨的彭明敏配謝長廷，無黨籍的林洋港配郝柏村，競爭激烈。開票結果，國民黨李登輝與連戰當選第九任總統、副總統。

此次選舉，中共更在選舉期發動一連串演習，試圖影響選情。三月八日，中共連續發射三顆飛彈對準基隆、高雄外海，最後更

榮譽狀

在投票日前後的三月十八日至二十五日，在福建平潭島進行三軍聯合演習⑨。

中共國台辦主任王兆國表示：不管台灣哪一組總統候選人當選，中共都可以接受，只要回到一個中國原則。候選人李登輝表示，中共的目的，一方面是要台灣的民主化無法落實，另一方面就是要他沒有辦法當選。李登輝在三月七日向支持他的宜蘭選民公開說：「中共的飛彈是空的啞巴彈，大家安啦！」

李登輝「空的啞巴彈」言論見諸媒體後，中共警覺到情報洩漏，進行內部搜查，結果查出解放軍總後勤部某部門部長，五十八歲的劉連坤少將和另一名五十六歲的邵正忠大校涉嫌向台灣出售軍事機密，經軍事法庭判決死刑，於一九九九年八月，以注射方式處決。

二〇一〇年九月四日，聯合報東京特派員陳世昌發了一則新聞：今天上市的日本政論雜誌刊登了對台灣前軍情局六處副處長龐大為的專訪。報導指出，龐大為詳述一九九六年台海危機時，中共解放軍少將劉連坤如何幫台灣取得軍事情報，讓李登輝得以公開表明「那是空包彈」，贏得了那次選舉。但是劉後來遭中共查出處死，台灣卻反應冷淡，讓他對劉的死充滿失望與罪惡感。劉救了台灣，李反應冷淡。

---

⑨同註①，二一〇頁。

李登輝自一九八八年一月十三日蔣經國逝世，副總統根據憲法就任中華民國第一位台籍總統，很多人認為，他只是過渡暫代，但沒想到他一幹就幹了十二年。

李登輝上台後，面對內有「黨國體制」的外省官僚系統，外有因解嚴後能量釋放的社會運動，處境相當危險。而他卻能夠把握住其中的矛盾情結，採用分化聯合、援引外力的方式，聯合次要對手，制衡主要對手，同時借用反對勢力對其台籍總統的「李登輝情結」，反向黨內施壓，不論是三月學運、中共的飛彈危機，都在他巧妙運用下，變成獲勝的籌碼。

從一九八八年李登輝意外接任總統開始，直到一九九六年當選首屆民選總統，才可說是穩定地鞏固其權力地位。在這當中，他與外省籍為主的國民黨內部政治團體的鬥爭，幾乎是年年上演，一般將其稱之為「主流」與「非主流」的對決。由於李登輝掌有國家機器，因此被稱為「主流」，而反對他的團體被稱為「非主流」，最後結果則是「主流」獲得勝利，「非主流」部分被迫出走，先後成立「新黨」與「親民黨」⑩。

一九九三年，新黨從國民黨分裂出來，我的三個寶貝女兒都成為新黨黨員。

⑩同註①，二〇二頁—二〇三頁。

PART 4

1997-

另一個卓越的高峰

49

一九九七年，我已屆「從心所欲」之年。年輕時的改革戲劇，重建戲劇界結構的築夢者，現在已成海市蜃樓，「戲子」的名詞仍躍然字典裡。我猛然記起王紹老對我說的那句言簡而意賅的名言：「任何事都應該抱著希望，但不必太指望，否則會失望。」我也驚覺到電影系畢業的學子們，絕大多數是學非所用的轉業，電影教育無異是一種浪費，我辭去了教職。

那位帶有濃重四川鄉音、談話詼諧的王紹清教授與袁叢美主任，我們的交往從未中斷。有時我們三個人一起到新店毛老師家吃飯，劉秘書炒得一手佳餚，大家連連讚賞。

有一天，紹老去台北老人院演講，他約了我與袁叢美還有九六高齡的攝影大師朗靜山陪他一起去。開講前，他對聽眾介紹了我們，特別為朗靜山介紹：「今天我帶了一位活標本，九十六歲的朗靜山大師。」全場掌聲如雷。

王紹老有一次跑到我家聊天，談到教育部明天招待退休人員遊覽石門水庫，早晨八點在教育部大門口集合，八點半出發，他也替我報了名。臨走時還特別叮囑我要準時。

第二天一早，我在七點吃完早餐，時間還早，在沙發上打開電視看新聞，電話突然響起，是紹老的太太打來的，語調緊張急促：

「王教授不能去石門水庫了，你不要等他。」

「紹老怎麼啦？」

「他剛才突然暈倒，我已經送他到北醫急診。」

紹老送北醫急診，我已沒有興趣去石門水庫了。叫了部計程車直奔北醫急診部。急診室裡，值班醫師正在替昏迷的紹老急救。紹老的太太是北醫的護理長，與值班醫師商議後，馬上送進加護病房。

第二天中午前，我到北醫的加護病房，在門口遇見了紹老的太太，滿臉哀慟悽愴：「王教授走了！」

我打電話給紹老的好友王宇清與袁叢美，報告了不幸的消息，也約他們到紹老家研究如何處理治喪。世新校友林玉城、幹校校友楊汝舟等也趕來，大家都認為請王昇將軍擔任治喪會主委比較合適，因為當年幹校一至四期的戲劇系是紹老主持的，而那時的訓導處長是王昇，他們是關係密切的老同事。

王昇將軍於一九九一年七月從巴拉圭大使任期屆滿返國，於翌年成立了一個「促進中國現代化學術研究基金會」，楊汝舟將軍提供了基金會的電話。

我撥了基金會的電話，接電話的是王耀華秘書，我請他把話筒交給王昇將軍。

「是化公嗎？」

「我是王昇，你是——」

「我是王紹清教授的世新同事王唯。王紹老今天早晨去世了，大家開會的意見是想請化公擔任治喪會的主委，不知化公有沒有意願？」

「沒問題，訃文印好後，寄一份給我，我準時到。」

王紹清教授的公祭在台北第二殯儀館舉行，治喪會公祭時，由王昇將軍主祭。到有師大、幹校、世新的師生以及各界代表百餘人，場面備極哀榮。《台灣新生報》總編來了電話，請我寫一篇悼念紹老的紀念文。

這一年的九月，蔣緯國將軍（一九一六至一九九七），病逝台北榮總恩源樓，各界公祭於榮總介壽堂，我

中華編劇學會理監事討論會，左起王唯、王中平、丁衣、林清介。右起夏美華、姜龍昭、吳恆（不見人）。

與胡至直、楊汝舟等將軍代表老莊學會參與公祭。

生前豁達、詼諧的緯國將軍，如今七尺銅棺，仍掩不住他的音容笑貌，隔不斷部屬、朋友們的思念與追懷。

這一年，我完成了一本十二萬字的《戲劇原理》，由小報出版公司出版。

編劇學會在年度年會中，我被選為常務理事。老莊學會在年會裡被選為副理事長，理事長是甲骨文專家胡至直將軍。

亦師亦父的毛老師，身體一向硬朗，可是這兩年來小毛病不斷，經常住在三軍總醫院的將官病房，接受各種檢查、治療。當然，我也經常去探望。那位忠心耿耿的劉秘書，一直照顧他無微不至。

一九九八年的三月，我接到劉秘書電話，毛老師送三總急診，我趕去三總時，毛老師已轉加護病房。劉秘書告訴我，他老人家前夜得了感冒，剛才X光檢查有肺炎現象。驗血報告還沒有出來，現在馬上要做核磁共振的全身檢查。

劉秘書趁中午空檔時間，約我去附近用午餐。我們談到毛老師如何愛護部屬，一生為黨為國如何效命。大陸內戰時他已是官拜中將，來台後卻以少將官階退役，他無怨無悔。

我們用完餐，回到加護病房，主治醫師馬上跑到我們面前，宣布了不幸的消息，毛老師因肺衰竭，急救無效，停止了呼吸。

這位可敬的、影響我一生的毛伯奇將軍，以九十五高齡遠離了我們。

他美麗的靈魂已然去了我將來也要去的遠方。我彷彿聽到他那句帶有斥訓語氣的聲音：「你想改革戲劇？結果是戲劇改革了你！」

一九九九年九月二十一日，南投發生了八級地震，台中的台影公司全毀，我經營的獨家傳播公司業務也明顯滑落。我有很多時間在西門町的丹堤咖啡店與資深導演張英、演員李影、攝影王駿，還有一位《綠島小夜曲》作詞人潘英傑等人聚會聊天。有一天，李影帶來一本曹禺的《日出》劇本請我研究一下後寫出一個公演企劃，送請文建會資助主辦。

我撰寫的《日出》企劃前言是這樣寫的：

「中國近代最偉大劇作家曹禺，繼處女作《雷雨》嶄露頭角後，他的第二個劇本《日

張英八十大壽，設宴於台北餐廳，左起王唯、黃仁、張英。

出》創作於一九三六年初，並連載於《文季月刊》，嗣於一九三七年二月由著名戲劇家歐陽予倩執導，首演於各大城市，造成空前的轟動，藝評家撰文給予最高的評價。」

「半世紀以來《日出》劇本一再出版、演出，並改編為電影，具有歷久不衰的魅力。《日出》與《雷雨》的最大不同點在於《雷雨》是採膠結全劇人物命運的矛盾衝突，細針密縫的結構方式；而《日出》則以上層人物與下層人物的孤立片段的許多事件，經作者細心調度交織成萬花筒似的人生物景，搬到有嚴格時空限制的舞台上，功力深厚，兼具藝術性與思想性。簡言之，《日出》的創新處，是讓眾多人物出現，寫更多的事件，來展現出封建中國城市的畸形生活，刻劃有力而入微，與易卜生①的社會問題傑作堪稱齊名而毫無遜色。」

「《日出》雖係六十年前舊作，但無庸置疑的，任何上乘藝術作品均有其永恆性，該劇在今天搬上舞台，除了彰顯一代大師建築的瑰麗宮殿，也提出了三十年代半殖民地的病態，反觀目前的社會現實，不無警惕與啟示。」

---

① 易卜生（Henrik Ibsen, 1928-1906）挪威文學家兼戲劇家，現代戲劇的開山祖師，所著劇本影響現代劇壇甚大。他在戲劇中首創的心理、動機、刻劃，帶給繼起的戲劇無可限量的影響。較為著名的劇作有：《王位覬覦者》、《勃郎德》、《皮爾・金特》、《青年會》、《傀儡家庭》、《群鬼》、《國民公敵》、《大建築家》、《當死者復生》等。

企劃中，我強調了《日出》的演出特色：（一）共四幕，分由崔小萍、張英、彭行才、李影各導一幕，各顯功力。（二）劇中「潘月亭」一角，第一幕由王玨飾演，第二幕由葛香亭飾演，第四幕由王孫飾演，演技競賽意味濃厚。（三）配合《日出》之公演，以及崔小萍在中廣導播之《日出》廣播劇播出，舉辦「曹禺創作學術座談會」以掀起高潮。

我攜帶企劃案在李影陪同下，前往文建會晤見了副主委吳中立，吳馬上打電話給二處處長下來與我們見面。那位處長看了幾頁企劃後表示，他們會重視這份企劃，儘快給我們消息。

我送文建會的《日出》公演企劃案，經該會層層審查後不到一個月就批准下來，並核定演出費四百五十萬元，北、中、南各公演一場。就在此時，立法院內有綠委數人表示反對文建會演大陸作家劇本，文建會馬上反映給我們，希望劇本要改台灣劇作家的。

我極為推崇的經典之作被否定，對文建會的演出就意興闌珊了。我對李影表示，我願意退出。

李影捨不得放棄那筆文建會的幾百萬演出費，劇本換就換吧，他與黃風先後找王生善與貢敏談劇本，王生善提供《長白山上》，貢敏是一個改編自他自己另一個劇本的《金玉滿堂》。結果，李影採用了《金玉滿堂》，在北、中、南公演了三場。黃風說，他又賠了些錢。

二〇〇〇年，因國民黨李登輝執政下，黑金共治，貪汙頻傳，萬民期待一個打擊貪腐，為民除害的英雄出現，老百姓於是用選票讓政黨輪替，民進黨陳水扁當選總統，展開台灣新頁。

四年後，貪汙未減，黑金依舊。再次總統選舉，三一九兩顆子彈改變民調支持結果，讓陳水扁再次當選。接著的四年貪官汙吏變本加厲，賣官、賣國產、賣建設案、賣開發案、賣公營行庫、賣公營事業土地，能賣的都賣了，扁家財富極速累積，三級貧戶變台灣首富②。

二〇〇六年八月十二日，施明德在二二八公園召開記者會，宣布號召每人一百元募集一億元資金，展開「愛・和平・非暴力」的倒扁訴求，開始坐上街頭，要求陳水扁下台。短短一週內資金順利募集完畢，立刻關閉帳戶，謝絕捐款，九月九日正式展開倒扁行動，要求以紅衫穿著，被冠名：「紅衫軍」③。

紅衫軍以靜坐、遊行和平倒扁八十二天，人數高達數十萬人，陳水扁卻無動於衷。

---

② 網址2009/4/19/19:00 Betelot.udn.com/ying 6100/2869298。

③ 同註上。

50

我已至垂暮之年；但，與其說這是我的「尾聲」，不如說，我的老年，只是另一個更具挑戰性的戰場。

在台灣長住了近六十年，我應該算是台灣人了吧？身為台灣人，就應該為台灣做點事吧？

我決定從事對「台灣」文化的研究。台灣的戲劇、電影、歌仔戲，甚至原住民族的溯源，都是研究的方向。

問題是，我該從哪一項目先行著手？聯合報退休的主編、資深影評人黃仁為袁叢美整理回憶錄，袁氏請我配合協助，並向我索序，老前輩前不敢言序，我寫了篇「序非序」刊登在二〇〇二年出版的《袁叢美回憶錄》上。

由於與黃仁整理袁的回憶錄，兩人經常在他家附近的「空軍官兵活動中心」見面。我們談袁氏在抗戰時如何困難地拍攝中國第一部空戰片《鐵鳥》，高志航在片中還露了臉，我們也談到截至目前沒有一部完整的台灣電影史書出現。對了，就寫《台灣電影史》吧。

有關台灣電影的濫觴，眾說紛紜。日本電影學者市川彩在一九四一年出版的《亞細亞映畫之創造及建設》一書中，認為台灣最早放映電影紀錄，應該是一九〇一年十一月上旬，由當時在日本內地頗負盛名的電影巡迴放映業者高松豐次郎帶來了一部二手貨的放映機，以及《英杜戰爭》等十幾部影片來到台灣，而第一次放映電影的臨時小屋是搭建在西門町《台灣日日新報》（現在的台灣新生報業廣場）前面的空地上④。台灣電影學者兼導演李道明於一九九五年發表的一篇〈日本統治時期電影與政治的關係〉，文中敘述，把電影最早引進到台灣的正確日期應該是一九〇〇年六月十六日，比市川彩所稱的一九〇一年十一月提早了一年又五個月。在台灣另一研究台灣電影史的學者葉龍彥博士，在他所著《日治時期台灣電影史》一書中，同意李道明的見解：「一九〇〇年六月十六日在淡水館九號房內試映盧米埃兄弟⑤的電影，二十一日起在十字館公開放映。」

研究工作即將開始，如去訪問電影界耆宿，憑老人的記憶回顧，只能「僅供參考」，而新聞報紙當時的報導應該是可信的。「昨日之新聞，即今日之歷史」，台灣早期有一份創刊於一八九八年五月六日的《台灣日日新報》，它完整紀錄了當時台灣發生的重要事件，是研究台灣史最具價值的史料之一。因此，在沒有助理、沒有研究生協助情況下，我

④見王唯著，《台灣首次電影放映紀錄的新發現》，傳記文學第八十三卷第五期，一〇四頁，民國九十二年十一月一日出版。

⑤盧米埃兄弟（Louis and Auguset Lumiere）法國攝影商人，於一八九五年在里昂（Lyons）發展出一種叫Cinematographe的電影機，十二月二十八日正式在巴黎卡普新路十四號咖啡館「印度沙龍」放映了《工廠的出口》、《水澆園丁》等影片，這一天，電影才正式問世。

埋首在中央圖書館的資料室約兩個月，遍翻《台灣日日新報》的縮印本，從一九〇五年往前翻閱到一九〇〇年，找出了李道明與葉龍彥發現的一九〇〇年六月十六日放映電影的新聞與廣告。當時我在想，電影是一八九五年底問世的，台灣在一九〇〇年中旬已經輸入了電影，應該是最早的紀錄了，何況李、葉兩位電影學者潛研台灣電影史多年，又有助理與研究生們幫他們找資料，他們的研究成果不容置疑。我邊想右手下意識地邊翻動報紙，兩隻疲勞的眼睛想閉目休息一下，忽然眼簾顯現日軍殘殺台灣山胞的新聞，瘟疫流行死亡慘重的新聞，精神立刻抖擻起來，右手一張張地往前翻動，翻到一八九九年九月十四日那天，台北十字館刊登了一則「自十五日起推出新劇並放映電影」的廣告。我興奮極了，難道會有更早的電影？我再往前翻，九月八日的第五版刊登的一則日文新聞，大意是「十字館放映電影，此次改變方向，把美國愛迪生發明的電影，片名叫《美西戰爭》以及其他多部電影從今天起，向觀眾鮮活的獻映。」我再繼續往前翻閱，又發現九月五日第四版的一則漢文新聞：「電燈影戲，福士公司者不知何許人也從美國購得西洋電燈影戲機器一副攜到台北在稻江蘆竹腳街演設四方來觀者每人必以一角半銀子向買一票始得入覽將近匝月所博不為不多昨又移到艋舺舊街某番戶演設每票僅一角童子減半觀者尚寥寥蓋在稻江演設日久艋舺人往彼縱覽者多且與幻燈會相似不過影中人俱能活動而已亦不十分新奇也。」我繼續往前翻，發現八月四日及五日第四版刊登有「西洋演戲大幻燈」的廣告：「大稻埕蘆竹

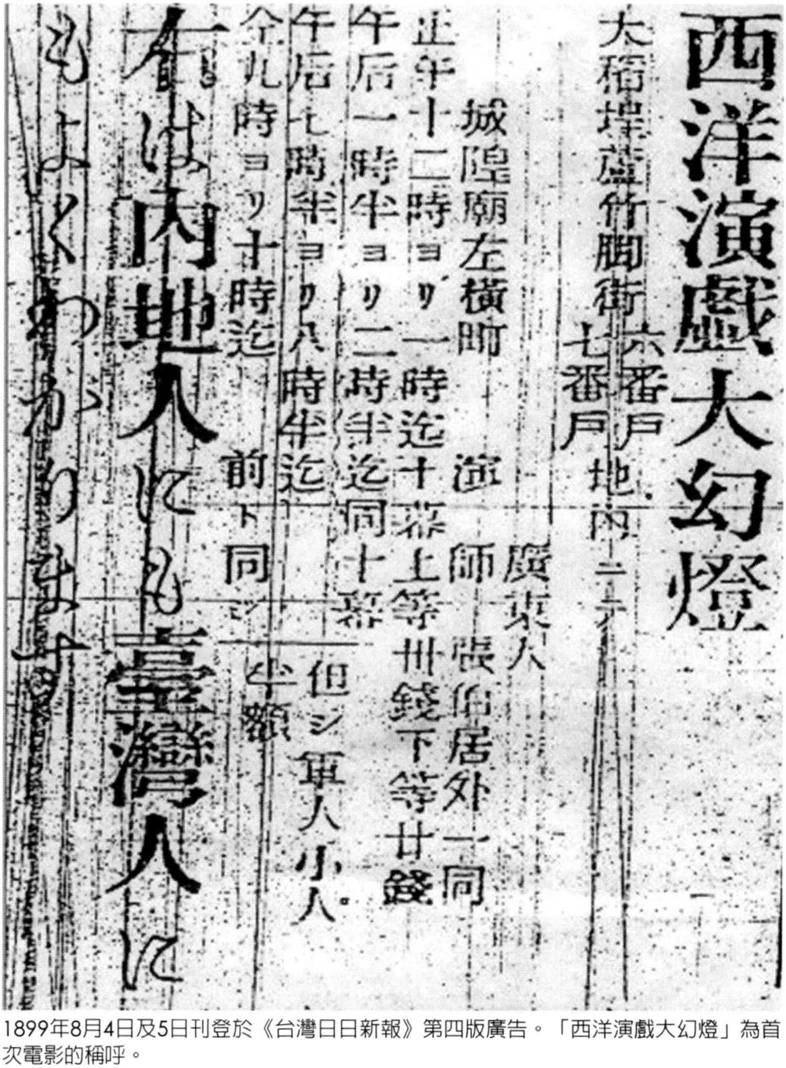

1899年8月4日及5日刊登於《台灣日日新報》第四版廣告。「西洋演戲大幻燈」為首次電影的稱呼。

腳街六番戶七番戶，城隍廟左橫町，演師廣東人張伯居外一同，正午十二時至一時，午后一時半至二時半，午后七時半至八時半，仝九時至十時，上等三十錢，下等二十錢，軍人小孩半額。」

我繼續以兩天時間將《台灣日日新報》查閱到一八九八年五月六日的創刊號，沒有更新的發現。

情況似乎可以確定了，台灣最早引進電影的日子是一八九九年八月四日。我的新發現，改寫了台灣電影史。

我以兩天的時間，把一篇六千字的《台灣首次電影放映紀錄的新發現》趕出來，並將有關圖片複印後一起寄投《傳記文學》，刊登於二〇〇三年十一月號。

那一年的金馬獎典禮在高雄舉行，我以「中華編劇學會理事」身分參與盛會。高雄市文化局長管碧玲邀請我們參觀新揭幕的「高雄電影資料館」，走進大門右邊的整面牆上全部是介紹台灣最早的電影是一九〇〇年六月的文字，顯然是引用了李、葉兩氏的資料。

黃仁也想寫台灣電影史，他有意願與我合作，我欣然同意。我們經過了四年的蒐集史料、訪問電影耆宿、求證、撰寫、獲字百萬，還邀請了王清華、聞天祥、宇業熒、梁良等四位影評人，提供了他們的專業宏文，由中華影評人協會出版了一套共兩大冊的《台灣電影百年史話》，世新新聞系的陳又揚付出了印刷費一百萬元，於二〇〇六年十二月出書發

Maybe you do not know....

A note for your amusement

I came across an article with the title: "台灣首次電影放映記錄的新發現", in there, one will find many splendid things happening. It just stroked my full attention for its sophisticated depicts on how the movie had been first screened on this small island and how later this concept lived into the hearts of many naïve islanders.

People might argue over different issues from life, but this one I presume leaves no ground for that of any ambiguity. When we read along we saw the excitement aroused from among the many curious viewers, and we saw the contentment from the many faces that never in their life had experience watching a motion picture reeled. The introduction of modern cinematography from that surely took an important roll, I would say, in nourishing our baby movie-industry from the early days to grow.

Again, this wonderful article has refreshed many long forgotten memories. While rejoicing over this nice piece of work, I shall never forget to applaud for the author Mr. Wang who has recently moved into our humble housing-complex (國際巨星).

You might be lucky enough to see him walking in the corridor one of these days.

My solute to you Sir....Pro. Wang

Michael
Your admirer

Thursday, November 13, 2003

《台灣首次電影放映紀錄的新發現》文章出自傳記文學498期出版日2003年11月

行，文建會與新聞局各買了三十萬的書，分贈國內外有關單位。

二〇〇三年初，我發動了電影主要社團推薦台灣最資深導演兼製片人，現年九十九歲的袁叢美為該年第四十屆金馬獎「終身成就獎」的候選人。

我將事先打好字的推薦函分請導演協會的朱延平、編劇學會的姜龍昭、演藝工會的楊光友、製片協會的蔡松林簽名蓋章，再送金馬獎執委會審查。沒多久，消息傳來，審查委員們無異議通過袁叢美為第四十屆金馬獎「終身成就獎」得獎人。

四十屆金馬獎頒獎典禮於二〇〇三年十二月十三日在台南市舉行，主

2003年電影金馬獎，姜龍昭以編劇學會代表團長身分參加盛會。右為姜龍昭，左為王唯，左後方為台灣藝大的陳梅晴。

席張法鶴本來的構想在頒發金馬獎給袁叢美時，由我用輪椅將不良於行的袁氏推到頒獎人旁，主持人會問一些問題，由我來代答。我考慮後認為不宜。我建議由袁氏的女兒——安妮或安娜推輪椅上台領獎，袁則簡單的說幾句欣慰的話後播出一段他的生活影片。我的建議被大會採納。

第四十屆電影金馬獎典禮的場刊中，我寫了一篇題名為〈從璀璨歸於恬淡的袁叢美導演〉，文中略述他過去七十年來的輝煌成績，也為這位年已上壽的電影瑰寶，得了一座遲來的獎座而不勝感慨，我們似乎虧欠他太多。

那座飛躍的金馬一直放置在袁氏客廳的酒櫃上，每當我去探望他時，菲傭將大門推開，就可以看到他坐在輪椅上凝視那座冰冷的東西，它代表了什麼？是象徵袁氏的終身成就？患了嚴重失憶症的現代人，能有幾人知道他？

那個「東西」在袁叢美眼簾裡出現了六百天，二〇〇五年八月十六日清晨，袁氏一覺沒醒來，得年一百零一歲。

莊嚴肅穆的告別式，貴賓雲集，禮堂裡陳列著袁氏生前的衣物、輝煌成果紀錄、以及一堆他的回憶錄，任人取閱。

時間不會停格，畫面會消磁，在一片哀悼空氣裡，袁氏的遺體被推進一千度火焰的火化爐裡，兩小時後推出來的是一堆骨灰。我與黃仁全程送行。

二〇〇六年，我完成了兩本書。一本是《台灣電視史》，另一本是文建會約稿的「資深戲劇家叢書」中的《姜龍昭評傳》，兩本書幾乎是同時交叉進行蒐資與撰寫的。因為這兩本書有絕對同質性。姜龍昭是資深電視編劇兼製作人，先後在台視與中視工作了三十一年，編製了許多膾炙人口的電視劇，我那本《台灣電視史》裡，難免有他的影子；可是兩本書的命運卻懸殊。《台灣電視史》不但耗去了我不少老本，還受了很多窩囊氣，最後由一位從未謀面的邱垂益市長向我預購了好幾百本書得以順利出版。《姜龍昭評傳》則不但付我優厚的稿費，新書發表時，還由文建會主委邱坤良親自主持了記者會，對作者的尊重，不言而喻。

陰霾濕冷的天氣，連日綿綿細雨，驚悉苗天走了！

兩年前，聽說他罹患腸癌住院開刀，在家療養期間，我曾兩次冒雨到他位於吳興街的寓所探望，後來在每個月演藝工會餐敘中經常遇見他，看到他復健情況良好，真為他高興。就在不久前的二月初，關懷演藝人員基金會宴請資深演藝人員於信義俱樂部，我也見到他出席；想不到沒幾天在新聞裡獲悉他逝世的消息，生命的脆弱與無常，令人唏噓！

上：二〇〇六年文建會新書發表會，台北藝大鍾明德院長為文建會主委邱坤良介紹作者。

右下：行政院文建會邀請王唯撰寫「資深戲劇家叢書」新書發表會，左起鍾喬、王唯、姜龍昭、邱坤良主委、台北藝大鍾明德院長、黃美序、顧乃春。

左下：文建會新書發表會中，王唯發表建言的特寫。

苗天在一九六七年考進中製廠為基本演員，演出首部電影《萬里長風》，直至一九七八年演出胡金銓的《龍門客棧》才走紅，成為重要的反派演員，之後在《俠女》、《大漠英雄傳》、《大摩天嶺》、《英烈千秋》、《皇天后土》等數十部電影中表現突出，其優異成績甚至超越主角。他獨特的表演方法，迥異於斯坦尼表演體系。有些導演以演員的外型來定角色，義大利導演狄・西嘉⑥甚至在《單車失竊記》中，以真實人物來飾演戲裡的角色，省略了演員再創第二自我的藝術過程，駕輕就熟，事半功倍，雖然，這種理論還是有爭議的。

苗天劇照

⑥狄・西嘉（Vittorio De sica, 1902-1974）義大利導演，作品有《單車失竊記》、《退休生活》、《擦鞋童》、《烽火母女淚》等，為一九四二年至一九五三年發展的新寫實主義重要分子，他的《單車失竊記》（Bicycle Thieves）與《退休生活》（Umberto D）是電影史上的經典。

晚年的苗天，與其他很多資深演員一樣，很少有機會演出，嚴重影響了殘酷的生活。現階段執政當局承襲了後蔣經國時期漠視戲劇與電影的錯誤輔導政策，導致了話劇的式微，電影的沒落。回想七、八十年代的台灣，是亞洲製片重鎮，劇運蓬勃，台灣充滿生機；但九十年代起，政府數度大幅開放外片進口配額，造成西片獨佔台灣電影市場，電視的日劇、韓劇與大陸劇又大舉侵入，台灣演員頻臨失業厄運，引起稍早前台北演藝工會三百人抗議遊行。

苗天走了，我一直沉湎在過去他演舞台劇時的舉手投足，以及發自丹田的聲音表情。我當過劇場演員，深知這種全憑真實演技、沒有作假、高難度的表演，電影演員沒有這種挑戰。在他所演過的許多話劇與電影，我還是比較喜歡他的話劇，十足表演藝術家的風範。

二〇〇五年，我與小英的兩條腿，都有老化現象，醫學名詞叫「退化性關節炎」，每天要爬公寓四樓，實在不勝負荷，所以我們兩老決定搬到桃園一棟有電梯的大廈，那裡的環境清靜幽雅，也適合我的寫作生涯。

有一天下午，因為我伏案太久，想出來在樓下中庭走走，忽然下了一陣傾盆大雨，我趕緊跑到邊門的警衛亭躲雨。我看見一隻混血的小黃狗被雨淋得狼狽不堪，避縮在牆角，用一種求救的眼光看著我。我一向愛狗，因為狗對主人的忠心，在古今中外都有感人的故事。所以我常說人不如狗，狗的聽覺可以辨別出主人的腳步聲，狗的嗅覺可以聞出主人聞

小英與豆豆

不到的東西，那是人做不到的，尤其狗的忠貞，人會叛變。

我決定收養那條流浪狗，在警衛亭裡等雨稍停後，抱著那隻全身淋濕的小黃狗跑到附近的一家獸醫院為牠洗澡、全身檢查、施打預防針。

晚餐後，我興沖沖地到獸醫院，領回來的是一隻活潑可愛善解人意的混血狗，小英也很喜歡，給牠取了名字：豆豆。我每天早晚帶牠到社區小公園散步，每週給牠洗一次澡，牠帶給我們生活的情趣。

有一天下午，我正在寫《台灣電視史》的最後一章，豆豆跑進我的書房，用牠的嘴在我左腿部打了幾下，我看錶是下午五點，那是牠下午散步時間。

我低頭用手輕拍牠的頭：「好啦，我馬

上帶你出去。」

每天早晚我都會帶豆豆在小公園走上幾圈，還要處理牠的糞便。當我看到牠不走了，在原地打轉時，那是表示牠要大便了，我會馬上取出兩張衛生紙放在牠肛門下，糞便正好落在衛生紙上，我將衛生紙包好，丟進公園的垃圾桶裡，我一直信守「糞便不落地」的原則。

有一次，也是下午五點多鐘，我帶豆豆在小公園散步，牠的糞便已經處理完畢，我在公園的椅子坐下來休息一下，豆豆也順勢跳上來坐在我旁邊。

一個老芋走近我，站定。

老芋：（指著豆豆）狗怎麼可以坐在椅子上？

我：（搞不懂他的意思）為什麼不能坐？

老芋：（指椅子）這椅子是給人坐的！

我：（有點生氣，大聲地）牠比你乾淨！

那個老芋氣憤地離開我，走向一群老芋，指手劃腳地不知在咕嚕什麼。

那座小公園是大社會的小縮影，有它的文化。公園裡有很多設施，有涼亭、溜冰場、兒童滑梯與盪鞦韆。每天下午四點過後，那個圓形溜冰場的四週有七八張靠背長椅，一些退休的公教人員與老兵，閩南話叫「老芋」的，分坐在那裡大談政事，針砭綠營。在涼亭旁邊的行人道有兩三張椅子坐著一些閩南話叫「老蕃薯」的也在那裡用閩南語大談國家大事，語多批評國民黨。那兩派人馬，我稱之為「兩黨的愚忠派」。本來兩黨政治是件好事，一個執政黨，一個反對黨，反對黨不是為反對而反對，而是負有監督執政黨免於一黨獨大之責。台灣偏偏生產了很多政客，為了自身的利益，操縱政治，曲解民族意識，玩弄單純得可愛的人民於股掌之上而不自知，其情讓人哀憫。

小公園裡經常有很多流浪狗來覓食，其中有一隻黑色土狗好像是佔了地盤不走了，別的狗走近牠會吼叫驅趕。我每天溜豆豆到小公園時，一定預備了兩份飼料，一份餵小公園裡的那隻小黑，另一份要到距小公園十分鐘行程的Home Box門旁牆角，也是一隻

桃園Home Box門口的「小黑」我每天都去餵食。

黑色土狗睡的地方餵食。後來發現牠有時沒有興趣吃。有一次我進Home Box問裡面的小姐，原來她們每天都有餵牠，還定期給牠洗澡，我才放下心來，不常去餵牠了。

我每天去Home Box時，發現附近一塊空地上有一批人在哈哈大笑，我好奇地走近他們，原來是「愛笑俱樂部」的活動，台灣推廣人是從事醫療設備銷售的商人陳達誠，他在二〇〇四年元月偶然從電視Discovery探索頻道節目，看到有關創始人印度內科醫生Dr. Madom kataria的報導，那位印度醫師倡導每天清晨在公園裡開懷大笑，對人體身心有莫大益處。那位熱心的陳達誠在網路上與印度醫師取得連繫後，在台灣先後在北、中、南成立了「愛笑俱樂部」，每年年終在台北舉行「愛笑大會」，成效相當不錯。

我與豆豆參加「桃園愛買」的「愛笑俱樂部」。

每天清晨，我與豆豆也參加愛笑活動，但見豆豆睜著兩隻大眼睛看著我們，牠心裡可能在想，這批人類啊，到底在玩什麼花樣？

我有時會想，如果豆豆也跟我們一樣會大笑，那——真會嚇死很多人。

我也會想，「笑」可以治療人心，「哭」又何嘗不能？一場大哭，可以把積壓在心裡的怨悶舒放出來。不過，到現在為止，還沒有「愛哭俱樂部」出現，如果有的話，那——一片如喪考妣的哭聲，不是太煞風景？樹木茂密、空氣新鮮的社區小公園是我寫作之餘最佳的散步地方。在那裡也可以觀察人生，發見人性。

有一段時間，流浪狗特別多，我帶了大量飼料在餵食時，就有人前來阻止我，說流浪狗不能餵，牠會賴著不走，製造社區髒亂。話是不錯；不過流浪狗的形成，是「人」棄養了牠，流浪狗是無辜的，這是一個社會問題，我們票選出來的立法委員們，應該提出立法，加重棄養狗貓者的罪責。

有時候清潔隊會派人到公園來巡視，見到流浪狗就抓，五天沒有人去認養就「處死」，太殘忍了！有一次我從台北開會回桃園，經過小公園，一位鄰居告訴我，小黑被清潔隊抓去了。我很難過，立刻用手機打一〇四問清潔隊的電話，就在同時，一部黑色轎車停在我身邊，車窗搖下來，探出了一個女人的頭，一種清脆的聲音：「小黑我去領回來了，現在我去給牠植晶片。」是附近開設美容院的老闆娘。

社區裡愛狗人士還是有的。有一位從事電腦工作的傅若珣，他與中聖里的里長崔美瑛合作，發現有流浪貓狗時，就送獸醫洗澡、體檢、結紮後，公告徵求認養人。如果沒有人認養，老傅只有自己收養了。所以他家養了不少流浪狗貓，他與他太太兩人，每天輪流分批將牠們放出來溜達。

還有一位劉秀雯的女孩，她也收養了很多流浪狗。有一家「長頸鹿美語學校」張姓負責人的千金，在她家寬廣的頂樓上，特別蓋了一個狗舍，收養了二十幾隻流浪狗。

社會的角落裡，還是有溫暖的。

二〇〇六年的十月初，曹健走了。他在六年前中風不能言語，舉步蹀躞，虧得錢璐悉心照顧，到處求醫，在每次定期聚會中遇見他，已有復原之態，卻不料耗聞傳來，他因在家摔跤，經送醫急救無效。

曹健（1923-2006）

我相信他熱愛生命，當然，他與愛妻兩情繾綣，他是走得不甘願的。我知道他還有一個願望，很希望演幾齣被世人遺忘的傳統話劇；雖然他在電影或電視上的表演成績是高分的，但是他對話劇有偏愛，他認為話劇沒有ＮＧ，沒有剪接，全憑真實表演工夫，直接面對觀眾的高難度表演藝術，這是他夠資格作為一位表演藝術家。

曹健走了，作為他的老友，一位相交淡如水的君子之交，他永遠活在我心裡。在某種意義上，死亡是一種存在。

也是二〇〇六年十月，我敬愛的桓哥，因腦溢血，病逝上海。

桓哥在我上海探親後不久，就辦了離休，移民到夏威夷，後來也把嘉英與外孫女徐琛一起移民夏威夷。二〇〇九年九月初，嘉英電話裡告訴我，桓哥腦中風住院治療。不久之後，嘉英來電話說桓哥堅持要到上海住院，嘉英無法拒絕，於是陪他到上海，住進了莘莊醫院。十月二十一日，嘉英電話裡告訴我桓哥逝世的噩耗。

綜觀桓哥的一生，他受過高等教育，抗戰期間，基於愛國熱誠參加了抗日地下組織，也吸收了我，被父親視為敗家子。勝利後，他為軍統安排在南京的美軍顧問團工作。一九四九年中旬，大陸為中共統治，我受命到台灣，他卻在大陸工作了半輩子。我對他的真正身分，諱莫如深。不過，可以肯定的，他是我敬愛的桓哥，我從小仰慕的桓哥。由於他，也影響了我的一生。

一九八九年間，政府高層為了順應潮流，改善企業經營績效，訂出了國營事業民營化的重大政策，選定了經濟部所屬事業的模範生——中石化公司做先鋒，通知中油將中石化的股權釋出百分之二十⑦。時任中油公司會計處長的陳崑山被派任為中石化公司董事會的董事，在一次董事會中，討論了兩個重要議題，其一為釋股案，主要內容為從中油持有百分之九十六的股權中釋出百分之二十，股價為每股十五元二角。當時陳崑山對股價如何決定，有無資產重估提出疑問。經承辦人說明，股價是上級決定的，並未辦理資產重估，十五元二角是公司的帳面淨值。陳崑山當時覺得，如此低價不合常理，這將是一項錯誤的政策，就將成為大企業財團掠奪國家資源的捷徑⑧。陳崑山表示，我們回頭來看這十數年來被政府賤賣而民營化的公營事業，有那一家不是被財團併吞的，又有那一家經營得更好的。自從民進黨執政後，更變本加厲，不但要賤賣事業單位給財團，連掌控國家財政命脈的公營銀行，也假借金融改革之名，賤賣給財閥，澈底掏空國家資產。

國營事業民營化的結果，其中資產額高達九十六億的中石化公司於一九九四年六月，經政府高層有力人士暗助下，將經營權交給投資不多的威京集團。時任董事長關永實，總

⑦ 參見《中油人回憶文集》第二集，陳崑山作〈撫今憶往，感慨良多〉，第三一〇頁，二〇〇六年六月一日，中華民國石油事業退休人員協會出版。

⑧ 同上，三一一頁。

經理吳必立。

這幾年來，台灣財富的分配，已被無能的政府攪得一塌糊塗，依據二〇〇六年《天下雜誌》的報導，台灣吳、辜、蔡三大家族，其財富五年來增加了三點三倍，由五年前二兆九千億暴增到九兆四千五百四十四億，邁向十兆大關⑨。

二〇〇八年的總統選舉，民進黨因陳水扁夫婦的弊案累累，受到波及，民調降至谷底。而國民黨的馬英九，以遺傳自他父親馬鶴凌的英姿，加上他清廉的形象，獲得很多人的好感，對他寄以厚望。大陸許多台商也多支持他，我的三個女兒都是「馬迷」，投票日都遠自國外自動前來投票。有人戲稱，馬躺著都可

⑨同上，三一二頁。

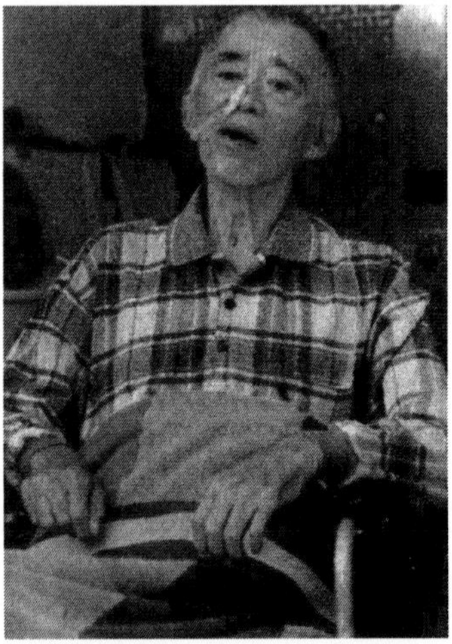

貧病交迫的林二

當選。

二〇〇八年，馬英九與蕭萬長當選為第十二任總統、副總統。

51

年紀越大，日子好像也過得特別快。老朋友一個個相繼遠離這個濁世。馬驥、中江、高前、李影等人，多年不見，聽說都已作古。那位著作等身，獲獎連連的姜龍昭，於二〇〇八年十月二十二日凌晨病逝，享年八十一歲。病逝當天的早晨，我接到「文訊」月刊總編封女士來電，請我寫一篇追悼姜龍昭的紀念文。

長年致力於鄉土創作及音樂教學的林二，於二〇一一年十二月三十一日病逝，享年七十七歲。

多年來，林二生活在貧病交迫的煎熬中，當年剛從美國返抵國門時的風光歲月已不復見。我曾建議他去找黨外時代的好友，現任副總統的呂秀蓮給予經濟的支援，或者安排一個有給職的國策顧問。阿毛阿狗都在當了，他有足夠資格可以勝任。他拒絕了我的建議。

二〇一二年二月二十五日下午二時，台北基督之家為他舉辦追思禮拜，黨外時代的舊友只有呂秀蓮一人前來，說了幾句話後就匆匆離去。

忠厚又木訥的林二，我會懷念他。

六十年代，台視「田邊俱樂部」的「五燈獎」主持人阮翎，是演劇三隊譚楓太太阮麗雲的弟弟，幹校七期戲劇畢業後在國民黨大陸工作會上班，派去香港一段時間，返台後就在台視主持節目。他偶而會請我當評審。那時我在中油公司上班，有兩次中油的大型晚會，我請阮翎來主持，並找來多位著名歌女演唱。

二〇一二年初，聽說他開刀住院，我去榮總探望他十多次，都在不同科別的加護病房，看到他插鼻管、帶著氧氣罩，狀甚痛苦，我為他難過。十月初，獲悉阮翎去世的消息，阮家不發訃文，十月十七日在台北二殯公祭，我約了孫景瑎參加了喪禮。

二〇一一年三月十一日，日本仙台市當地時間下午兩點四十六分發生芮氏九的強震，引發駭人海嘯和核電廠輻射外洩，造成一萬六千人死亡，逾六千人失蹤，為日本史上一千二百年來最大地震，東北的幾個濱海村莊瞬間被海嘯席捲。台灣馬英九下令捐款一億元，派救護隊前往救災。台灣各界秉持人溺己溺的大愛，捐款逾六十六億，全球第一。

台灣有人在臉書上留言：「為什麼要援助日本，釣魚台先還來再考慮」。「我看著電視新聞在大笑，爽著哩！」其他網友痛批沒人性，四十四名網友聯合在臉書發起連署譴責。

中國大陸有網友在網上高呼「熱烈慶祝日本地震」。還痛斥「給日本捐款的都是賣國賊」。有的網友則感嘆，「我們可以不喜歡日本，但用這種方式只能證明我們確實不如日本！」

二〇一一年五月十一日，美國一個教會的「王老師」預言，五月二十一日那天，台灣會有十四級大地震。我向氣象局求證，回答的是：純係無稽之談。

二〇一一年十月十日是中華民國建國百年，國共兩黨各有自己的百年，互爭正統。國民黨熱烈慶祝民國百年，中共高規格慶祝辛亥革命百年。

在台灣，為了慶祝建國百年，文建會花了十八億⑩，國慶晚會的《夢想家》音樂劇，只演了兩場，就花了二億一千五百萬的公帑，引起藝文界一片撻伐，主委盛治仁因此而下台。

在歡慶中華民國百年誕生時，我度過了八十一歲的生日。三位可愛的女兒在台北設宴為我祝壽。難能可貴的是老大亞咪，特別從大陸請了假趕來，還送給我一份厚禮。在美國的嘉英也來了賀電，致送了賀禮。

演藝工會為我安排了社區大學「探討人生」的演講，地區遍及中南部，就是沒有北部的。我向工會表示，老年人不宜長途跋涉。我只去了高雄、台南、台中各一次。

既然搬到了桃園，就為地方做點事吧。過去一直替中央工作，現在退休之年也應該就

---

⑩ http://www.anntw.com/awakening/news center/show.php?itemid=25738。

近回饋地方。我寫了一份〈戲劇原理與實踐〉送桃園縣文化局，預算只有十幾萬元講師的鐘點費，順道去縣政府拜訪我們選出來的縣長朱立倫。秘書室的人說，縣長在開會。我將帶去的一本我寫的《戲劇原理》，附上一張名片留交給秘書，請其轉交。

兩個月以後，我接到一紙桃園文化局的公文，我的企劃案因預算拮据，未便照准。區區十幾萬來推動桃園的戲劇文化，都被腰斬，我決定去找朱立倫縣長談談。

縣長室的主任秘書說，縣長去開會了，問我有什麼事，我說上次找縣長時送他一本書，不知他收到沒有？那位主秘說：「他哪有時間看書？」

當官的忙著開會，不看書的，我對主秘說：「我的書送錯對象了，誠品書局有賣我的書，把書退給我吧！」

那個主秘要了我的手機號碼。到現在為止，還沒有收到朱立倫的退書。

52

時間邁入二〇一二年。

一月十四日是第十三任總統選舉日，傍晚開票揭曉，國民黨的馬英九連任成功，得到六百八十九萬票，民進黨的蔡英文得到六百另九萬票，雖敗猶榮。親民黨的宋楚瑜則被邊緣化。我三個女兒都沒去投票。

曾任華視節目部經理的陳邦夔將軍又要出書了，囑我寫序。我還為他取了個《翱翔在穹蒼裡的勇者》的書名，書中詳細掀揭了我空軍勇士可歌可泣的機密史實。

三月七日，貪汙重犯陳水扁今天到署立桃園醫院戒護就醫。這次不戴手銬腳鐐，家屬扁媽、陳致中、陳幸妤、連判了十七年未入牢的吳淑珍也陪同。署桃大陣仗出動醫療小組，連服務中心黃姓負責人也全程陪同，在監獄史上開了先例。法務部表示，不樂見此特例成為慣例。

八月二十一日，台北市長郝龍斌拋出政壇震撼彈，他在主持鄭南榕自焚處「自由巷」揭牌儀式時，公開呼籲應以正面積極的態度處理陳水扁保外就醫問題。他強調：讓陳前總統保外就醫，在撫平社會傷痕上有指標意義。法務部表示，扁能否保外就醫是醫療與法律專業問題，依「監獄行刑法」規定，受刑人須是現在罹患疾病，但在監內不能適當醫治，目前核准保外就醫受刑人皆屬癌末重症者，扁病情尚不符規定。

郝龍斌的大動作支持扁保外就醫，學者和藍綠立委各有解讀。東海大學政治系教授傅恆德認為郝此舉可能藍綠都不討好，也可能兩面討好，有助拉抬政治聲望。朝野民代則多認為，這是郝為挑戰更高位子的第一砲，目的在拉攏中間選民⑪。

---

⑪ 參見《蘋果日報》二〇一二年八月二十二日的「即時新聞」版。

「世界末日」之說又開始流傳。傳言中說，馬雅文明預言，二〇一二年十二月二十一日這一天，將有大事件嚴重到毀滅世界。

考古學家、人類學家等在墨西哥開會，再度澄清馬雅曆沒有「世界末日」這回事。專家們指出，馬雅曆中的長曆法約每三九四年有一個大周期，馬雅人相信完成十三次循環是很重要的里程碑，即五一二二年，十三次大周期結束日約落在二〇一二年的十二月二十一日。專家稱，馬雅文明確有預言習慣，但多是旱災或疾病之類的災害，從未預言世界末日⑫。

退休生活並不清閒，每天早晚固定要溜豆豆、餵流浪狗，順便練氣功。回家後在書房裡開始寫作。如果寫作中涉獵到近代史中的人與事，我必須去蒐集史料，訪問有關人物，所蒐資料帶回來予以消化、選用，這須要花很多時間。

我每月有「演藝工會」、「半百頑童」的定期餐聚，「編劇學會」三個月一次的理監事會，「中視老友會」也是三個月一次的餐聚，「關懷演藝人員基金會」每年的三節，都會邀請餐聚，老朋友見面暢談生活近況，談「某某人走了」。每次聚會，都可以遇見兩位較年長的，一位是「小生」王玨，另一位是康總退役後在國立藝專教書的彭行才，兩人都是九十五歲，彭還自己開車赴會。

---

⑫ 同上，二〇一二年九月三十日的「國際新聞」版。

我還有不少老朋友隨時電約見面，所以我的時間總是覺得不夠用。中油公司的退休協會，從前的秘書長黃誠一為人謙卑，只要是退休人員來會，他一定奉上一杯茶或咖啡。我到台北辦事，只要經過那裡，一定上去坐坐。現在黃兄已離職，氣氛就不一樣，我不會想去了。

「你倒有點像希臘悲劇裡的英雄。」一位在學術界頗負盛名的老大哥，在一次餐敘中以開玩笑的口吻對我說。

我當然不是，不過，構成命運悲劇英雄的元素之一的固執——擇善固執的性格，我卻不幸十足的具備、擁有。

性格決定命運，正因為我性格上的缺失，因此一生中壯志難酬，坎坷多難，備嚐辛酸。生命中，成功的秘訣是隨時把握時機，在我人生中，因囿於性格，不斷錯失了「時機」而久屈無伸，不過，我一直過著心安理得、君子坦蕩蕩的愉快日子。

很多人有一種錯誤的衡量標準，一生中追求權力、成功與財富，卻低估了人生中還有真正價值的事。執筆時的前幾天，現年九十三歲的前東海大學校長梅可望，邀宴我們這批被他視為「哲學家」的退休老教授。席間，他談笑風生。他說，他一生煩惱太多，但大部分擔憂的事都從未發生。梅氏在台中主持一手創辦的「台灣發展研究院」，還兼任了王昇將軍創辦的「促進中國現代化學術基金會」董事長，每週四必去台北上班。東海大學每週開了兩門六小時的課，中央警察大學校友會也是他在負責。他是夠忙的，忙得已經忘了「老」之已至，他活得有價值、有尊嚴，他是我一生中仰慕者之一。

一位好學的退休老師張筱瑩，借給我一本龍應台寫的《大江大海一九四九》。在那本書的扉頁裡，她自述了最後一句話：「今天還在想，到底要在哪裡種下一株會開大朵黃花的絲瓜？」那本書是二〇〇九年底出版的。

二〇一二年二月十五日，在馬英九安排下，龍應台出任文建會主委，五月二十日，成為中華民國第一任文化部長。

她在台灣土壤裡已經種下了一株絲瓜。至於那株絲瓜會不會開大朵黃花，則有待她如何來悉心去灌溉它了。

九月二十七日的中午，「關懷演藝人員基金會」宴請資深演藝人員於「神旺飯店」，我目睹文化部長龍應台一身便服蒞臨。我盼望她不是有人戲稱「部長」是「臨時工」的人，而是受社會文化影響的「文化人」，文化人是永恆的。

《人與神》即將完稿，就在「台北商務印書館」為我出版一本肯定不暢銷的《王唯戲劇論述選集》之際，我的新計畫正在構想醞釀中，我的新生命又將開始。

二〇一三年三月初，戲劇前輩賈亦棣之女小婷自美來電，告訴我賈公已於二月中旬病逝，得年九十八，遵其遺願大體火化後，安葬台北已購置的靈骨塔，並請孫越主持的「藝人之家」教會舉辦追悼會。

筱婷與她洋老公於三月二十六日攜賈公骨灰罈來台，我致電孫越，請他安排一場賈公追悼會，全部費用由小婷負担。孫越以賈公未曾在「藝人之家」做過禮拜婉拒。後來由賈公的學妹崔小萍商得台北木柵的一家教會牧師同意，於二十九日上午舉辦了追思禮拜，到有國立劇專校友彭行才、崔小萍、戲劇愛好人士張紹鐸、東南技術學院校長以及賈公的親友數十人。因為賈公前在香港為國民黨出過力、坐過牢，我以「中國戲劇藝術實驗中心」名義，備文國民黨中央希予褒獎。翌日，收到一面黨旗與一張由黨主席署名的覆棺黨旗證書。

六月二十二日早晨，我打開蘋果日報影劇版，赫然的幾個大號標題：「導演金鰲勳六十六歲肺腺癌病逝」，我震驚之餘也感到不捨。這位在一九六五年畢業省立雄中，被救國團列為優秀學生，純樸、勤奮、熱愛戲劇，被保送參加了我當時主持的高雄救國團戲劇班受訓，結業後演出了我在晚報連載的話劇《花落誰家》。他在藝專影劇科畢業後，我推薦他在瓊瑤的「火鳥公司」劉藝編導的《月滿西樓》裡擔任場記兼助導。後來他執導了一部中澳合作片《Z字特攻隊》，展現了導演才華，十幾年中他拍了叫好又叫座的《報告班長》系列電影，開創軍教片風潮。

鰲勳沒有沾染一點影劇圈內的惡習，我永遠懷念他。

七月二日上午我去署立桃園醫院照胃鏡，在候診室看電視新聞，突然主播報導世新學生李國修大腸癌去世，得年僅五十八歲。

早年，國修曾幫我共同創作劇本，後來何方要開新戲，我就推薦國修去當副導。那部戲籌備了好幾個月，資金沒到位，流產了。

三十年來他從事現代劇場的編導演，成績亮麗，我有專文評界。他英年早逝，我有人生朝露之嘆。

平心而論，國修主持的「屏風」，是我早年理想中，夢寐以求的劇團，我沒做到，他做到了。

國修癌症的新聞見諸媒體後，馬英九表示「痛失精英」，在臉書上寫下〈再會吧李國修大師〉一文，「感謝他替台灣孕育了無數創作表演人才，讓我不勝唏噓。」不過，稱國修為「大師」好像有點那個。身後叫他「大師」對他毫無意義。回想三年前「屏風」面臨解體危機，馬政府未見解危，卻在百年國慶時，交由國修從前的合作人演了兩場音樂劇，耗去了公帑兩億兩千萬，我是無限唏噓！

外交部領務局桃園機場辦事處網站，特別用紅字標示「不受理在台國人臨櫃申請護照」，但這規定，碰到副總統女兒吳子安就轉彎了。

二〇一三年八月二十三日，吳敦義的女兒吳子安攜子到國外度假旅遊，上午十時許抵達桃園機場華航櫃台報到劃位，櫃台人員發現她兒子護照效期不足六個月，無法劃位，吳子安立刻打手機給吳敦義辦公室，沒多久，外交部領務局桃園機場辦事處人員從管制區趕來華航櫃台，協助吳子安處理護照問題。十一時許收件後，短短一小時就緊急更換好護照，十二時二十一分送回吳子安手上，一行人並在外交部人員全程陪同下，在華航櫃檯順利劃位領取登機證並託運行李完畢。該航班原訂下午一時十五分起飛，因吳女一行人的行李託運延誤二分鐘，加上塔台管制延誤九分鐘，遲至一時二十六分才起飛，比原訂起飛時間延誤十一分鐘。

歷史學家筆下的歷史不是全然真實的，所以歷史常常要重寫。世上沒有絕對的「好人」或「壞人」，因為「好人」不見得都是好的，「壞人」也不見得他所有的行為都是壞的。「好人」與「壞人」只是世俗人的界說，神的世界裡界定得不會如此草率。

你能說蔣介石或毛澤東是「好人」或「壞人」嗎？你能說周恩來或蔣經國是「好人」或「壞人」嗎？這些中國近代史上的重要歷史人物，都是對國家功勳卓著的英雄，但也有很多缺失的一面，因為他們是人，不是神。我們的劇作家或小說作家們，請永遠記住，當我們在塑造人物性格時，一定要把這個觀點奉為圭臬。

這個歷史悠久，歷經異族侵略、吞噬、屍橫遍野、血流成河，也在戰亂中成長、覺醒、茁壯的偉大國家，在近代史中的汪精衛究竟是「漢奸」還是「勇士」？台灣的李登輝呢？如果他是貨真價實的日本人「岩里政男」，他應該是日本的大英雄，百年後可以入祀日本靖國神社。

歷史是陳述古往今來的事蹟，講求的是事蹟的真相。史家必須用負責的態度，用心、用良知，用像一隻大鵬鳥翱翔在穹蒼俯視人間萬象一樣的客觀來寫歷史，那麼，這部史書是可以信賴的。

連雅堂的《台灣通史》，序中說：「國可滅，史不可滅。」又說：「《台灣通史》起自隋代，終至割讓」，他絕對沒有想到日本會向中國投降，光復了台灣，更沒想到中華民國丟了大陸，還能在台灣延祚六十多年而增添了一段「台灣史」。

（全文完）

參考文獻

朱子家，汪政權的開場與收場，古楓出版社，一九七一年五月再版。

楊有釗，龔德柏評傳，世界和平雜誌社，一九八四年六月三版。

Thomas A, Marks李厚壯、張聯祺等譯，王昇與國民黨，時英出版社，二〇〇三年九月。

王唯，戲劇原理，小報文化公司，一九九七年八月。

黃仁、王唯，台灣電影百年史話，中華影評人協會，二〇〇四年四月。

王唯，台灣電視史，中國戲劇藝術實驗中心，二〇〇六年十月。

王唯，姜龍昭評傳，行政院文化建設委員會，二〇〇六年七月。

王唯，中國會意文字對電影蒙太奇的影響，兩岸文化學術研討會，一九九八年。

屠申虹，闢謠，禾馬文化公司，一九九五年十二月。

徐淵濤，日本浪人岩里政男，二〇〇三年。

陳昆山，撫今憶昔‧感慨良多，中油人回憶文集第二集，二〇〇六年七月。

王御風，圖解台灣史，好讀出版公司，二〇一〇年七月。

洪麗完等，台灣史，五南出版公司，二〇〇九年一月出版七刷。

陸以正、皇甫河旺、張作錦，陷入險境的台灣新聞自由，民國九十三年九月十四日中央日報三版。

感謝名單

Amy、楊濤、楊淑婉、滕川、劉德慶、張筱瑩、程積寬、王耀華、王嘉英、卞世祥、何方、易陶天、曹達鳴、陳又揚。

新美學33　PH0147

新銳文創
INDEPENDENT & UNIQUE

人與神
──王唯編導影視生涯回憶錄

作　　者　王　唯
責任編輯　蔡曉雯
圖文排版　楊家齊
封面設計　陳佩蓉

出版策劃　新銳文創
發 行 人　宋政坤
法律顧問　毛國樑　律師
製作發行　秀威資訊科技股份有限公司
114 台北市內湖區瑞光路76巷65號1樓
電話：+886-2-2796-3638　傳真：+886-2-2796-1377
服務信箱：service@showwe.com.tw
http://www.showwe.com.tw
郵政劃撥　19563868　戶名：秀威資訊科技股份有限公司
展售門市　國家書店【松江門市】
104 台北市中山區松江路209號1樓
電話：+886-2-2518-0207　傳真：+886-2-2518-0778
網路訂購　秀威網路書店：http://www.bodbooks.com.tw
國家網路書店：http://www.govbooks.com.tw

出版日期　2014年8月　BOD一版
定　　價　390元

國家圖書館出版品預行編目

人與神：王唯編導影視生涯回憶錄 / 王唯著. -- 一版. --
臺北市：新銳文創, 2014.08
面； 公分. -- (新美學；PH0147)
BOD版
ISBN 978-986-5716-22-6 (平裝)

1. 王唯 2. 回憶錄 3. 戲劇

783.3886 103014113

讀者回函卡

感謝您購買本書，為提升服務品質，請填妥以下資料，將讀者回函卡直接寄回或傳真本公司，收到您的寶貴意見後，我們會收藏記錄及檢討，謝謝！
如您需要了解本公司最新出版書目、購書優惠或企劃活動，歡迎您上網查詢或下載相關資料：http:// www.showwe.com.tw

您購買的書名：＿＿＿＿＿＿＿＿＿＿＿＿＿＿＿＿＿＿＿＿

出生日期：＿＿＿＿＿年＿＿＿＿＿月＿＿＿＿＿日

學歷：□高中（含）以下　□大專　□研究所（含）以上

職業：□製造業　□金融業　□資訊業　□軍警　□傳播業　□自由業
□服務業　□公務員　□教職　□學生　□家管　□其它＿＿＿

購書地點：□網路書店　□實體書店　□書展　□郵購　□贈閱　□其他

您從何得知本書的消息？

□網路書店　□實體書店　□網路搜尋　□電子報　□書訊　□雜誌
□傳播媒體　□親友推薦　□網站推薦　□部落格　□其他＿＿＿＿＿

您對本書的評價：（請填代號　1.非常滿意　2.滿意　3.尚可　4.再改進）

封面設計＿＿　版面編排＿＿　內容＿＿　文／譯筆＿＿　價格＿＿

讀完書後您覺得：

□很有收穫　□有收穫　□收穫不多　□沒收穫

對我們的建議：＿＿＿＿＿＿＿＿＿＿＿＿＿＿＿＿＿＿＿＿

＿＿＿＿＿＿＿＿＿＿＿＿＿＿＿＿＿＿＿＿＿＿＿＿＿＿

＿＿＿＿＿＿＿＿＿＿＿＿＿＿＿＿＿＿＿＿＿＿＿＿＿＿

＿＿＿＿＿＿＿＿＿＿＿＿＿＿＿＿＿＿＿＿＿＿＿＿＿＿

請貼
郵票

11466
台北市內湖區瑞光路 76 巷 65 號 1 樓
秀威資訊科技股份有限公司 收
BOD 數位出版事業部

（請沿線對折寄回，謝謝！）

姓　　名：＿＿＿＿＿＿＿＿　年齡：＿＿＿＿　性別：□女　□男

郵遞區號：□□□□□

地　　址：＿＿＿＿＿＿＿＿＿＿＿＿＿＿＿＿

聯絡電話：（日）＿＿＿＿＿＿＿＿（夜）＿＿＿＿＿＿＿＿

E-mail：＿＿＿＿＿＿＿＿＿＿＿＿＿＿＿＿